W0398012

Doreen Virtue

Engel Notruf

Doreen Virtue

Engel Notruf

Himmlische Hilfe
zu jeder Zeit

Aus dem Amerikanischen
von Angelika Hansen

Allegria

Die Originalausgabe erschien 2006 unter dem Titel
ANGELS 101
im Verlag Hay House, Inc., Carlsbad, CA, USA

Allegria ist ein Verlag der Ullstein Buchverlage GmbH
Herausgeber: Michael Görden

2. Auflage 2007

ISBN: 978-3-7934-2100-9

© der deutschen Ausgabe 2007 by Ullstein Buchverlage GmbH, Berlin
© der Originalausgabe 2006 by Doreen Virtue
Umschlaggestaltung: FranklDesign, München
Titelabbildung: Marius Michael George/www.Mariusfineart.com
Abbildungen Innenteil: siehe www.hayhouse.com
Gesetzt aus der Baskerville
Satz: Keller & Keller GbR
Druck und Bindearbeiten: GGP Media GmbH, Pößneck
Printed in Germany

INHALT

EINFÜHRUNG

WER DIE ENGEL SIND

Sie sind jetzt, in diesem Moment, von Schutzengeln umgeben. Diese Engel sind reine Wesen des göttlichen Lichtes, die absolut vertrauenswürdig sind und deren Anliegen es ist, Ihnen in allen Bereichen Ihres Lebens zu helfen. Das Wort »Engel« bedeutet »Botschafter Gottes«. Engel übermitteln Botschaften zwischen dem Schöpfer und seinen Geschöpfen – man könnte sie als himmlische Postboten bezeichnen.

Engel lieben jeden Menschen bedingungslos. Sie sehen jenseits der Oberfläche und wissen um die Göttlichkeit in uns allen. Sie fokussieren sich ausschließlich auf Ihre Göttlichkeit und Ihr Potential und niemals auf Ihre »Fehler«. Daher sind Engel frei von Vorurteilen und bringen nur Liebe in unser Leben. Sie sind bei den Engeln in Sicherheit, nichts kann Ihnen geschehen, und Sie können ihnen vollkommen vertrauen.

Es spielt keine Rolle, ob Sie ein gläubiger oder skeptischer Mensch sind, da die Engel an *Sie* glauben. Sie sehen Ihr inneres Licht, sie wissen um Ihre wahren Talente, und sie verstehen, dass Sie eine wichtige Lebensaufgabe zu erfüllen haben. Sie möchten Ihnen bei *allem* helfen, was Sie tun und erleben.

Umfragen zeigen, dass die Mehrheit der erwachsenen Amerikaner (zwischen 72 und 85 Prozent, je nach Umfrage) an Engel glaubten, und 32 Prozent sagen, dass sie schon einmal Kontakt mit einem Engel hatten. Man könnte also daraus schließen, dass es normal ist, an Engel zu glauben.

Sie müssen weder spirituelles Training haben noch sich wie ein Heiliger aufführen oder irgendeine religiöse Tätigkeit ausüben, um mit den Engeln zu kommunizieren. Diese himmlischen Wesen helfen jedem, der sich an sie wendet, egal wer es ist und ohne Ausnahme. Die Hilfe der Engel ist kostenlos, immer verfügbar, und es gibt keinerlei »Haken« bei der Sache.

Jeden Tag gehen in meinem Büro Dutzende Briefe von Menschen ein, die Erlebnisse mit Engeln hatten, zum Beispiel indem sie eine lebensrettende Warnung erhielten; göttliche Intervention erfuhren; die Gegenwart eines Engels spürten; oder eine engelsgleiche Erscheinung sahen. Die Briefschreiber kommen aus allen Schichten der Gesellschaft, mit dem unterschiedlichsten religiösen oder spirituellen Hintergrund, einschließlich Agnostiker und Skeptiker. Und alle sagen übereinstimmend, dass sie wussten, dass die Begegnung real war und sie tatsächlich Kontakt mit ihren Engeln hatten.

Diejenigen, die ihre Engel regelmäßig kontaktieren, berichten über erstaunliche Verbesserungen in ihrem Leben. Sie sind glücklicher, friedvoller; ihr Selbstvertrauen ist größer, und sie haben weniger Angst vor dem Tod oder vor der Zukunft. Sie wissen, dass sie nicht alleine sind, da sie vertrauenswürdige Beschützer haben, die über sie wachen.

Ich fühle genauso. 1995 rettete mich ein Engel aus tödlicher Gefahr. Seit jenem Tag habe ich in meinen Büchern und weltweiten Seminaren immer wieder über Engel gelehrt. Ich fühle mich glücklicher und erfüllter denn je. Es bedeutet mir viel, und ist tief bewegend, zu sehen, wie das Leben der Menschen geheilt und besser wird, wenn sie anfangen, mit den Engeln zusammenzuarbeiten.

Vor meiner lebensverändernden Engel-Erfahrung war ich praktizierende Psychotherapeutin, spezialisiert auf Essstörungen und Suchtverhalten. Wie bei den meisten Therapeuten war auch ich von dem Wunsch beseelt, meinen Klienten zu helfen, ein gesünderes und bewussteres Leben zu führen. Mittlerweile habe ich festgestellt, dass der wirksamste und schnellste Weg zum Glück darin besteht, den Kontakt mit den Engeln aufzunehmen.

Die Liebe der Engel für uns ist rein. Sie helfen uns, Gott in unserem täglichen Leben zu hören, zu fühlen, zu sehen und zu verstehen. Ob Sie also Hilfe bei Ihrer Gesundheit, Ihrer Karriere, bei Ihrem Liebesleben, Ihren Familienangelegenheiten oder in irgendeinem anderen Bereich brauchen, die Engel sind für Sie da. Es gibt nichts, was zu unbedeutend oder zu vermessen wäre, als dass sie nicht damit umgehen könnten. Sie werden mit Freuden in dem Augenblick für Sie tätig, wo Sie sie um ihre Hilfe bitten.

Anmerkung zum Thema Religion

Obgleich viele Religionen Engel erwähnen, gehören sie dennoch keiner bestimmten Glaubensrichtung an. Sie sind vielmehr wahrhaft überkonfessionell. Engel arbeiten mit Menschen jeder religiösen oder spirituellen Orientierung zusammen, daher müssen Sie nicht Ihre Sichtweise oder Glaubenssätze ändern, um mit Engeln zusammenarbeiten zu können.

Der traditionelle Begriff von Engeln findet sich in den monotheistischen Religionen wie dem Juden- und Christentum sowie dem Islam. *Monotheismus* ist der Glaube an nur *einen* Gott. Diese Glaubensart wurde begründet von Vater Abraham, der dem Judentum seine ursprüngliche Form gab, dann vom Christentum und schließlich dem Islam übernommen wurde. Diesen drei Religionen sind Überlieferungen von Engeln gemeinsam, die ihren Anführern und Gläubigen Botschaften überbrachten und Schutz gewährten. Im Monotheismus ist der Engel ein Bote zwischen Gott und den Menschen.

Polytheistische Religionen (was so viel bedeutet wie »viele Götter«) haben Gottheiten, die in jeder Beziehung engelsgleich sind, nur dass sie keine Flügel besitzen. Diese Gottheiten standen allen zur Verfügung, im Gegensatz zu persönlichen Wesenheiten, wie zum Beispiel Schutzengel. In *pantheistischen* Religionen herrscht der Glaube vor, dass Gott überall ist, auch in der Natur. Hier werden normalerweise Engel und Erzengel mit Flügeln erwähnt, denn schließlich sind sie hier, um Frieden zu bringen, neben Göttinnen, Elementarwesen (ein anderer Name für Naturengel) und anderen Gottheiten.

Tatsache ist, dass Engel universale Archetypen sind und sowohl in den antiken als auch modernen Glaubensrichtungen weit verbreitet sind. Wenn auch manche Religionen einen anderen Begriff als *Engel* verwenden mögen, so reden sie doch alle vom selben Phänomen wohlwollender und vertrauenswürdiger geistiger Helfer.

Viele strenggläubige Christen rufen im Namen Gottes und Jesus Christus die Engel an. Hindus beten zu den Engeln, zusammen mit Ganesha, dem Elefantengott, Sarasvati und anderen Gottheiten, die eine wichtige Position in ihrem Glaubenssystem innehaben. Dasselbe gilt für andere Religionen. Die Engel werden mit jeder Gottheit und jeder Glaubensrichtung zusammenarbeiten, bei der Sie sich wohlfühlen. Sie müssen nie befürchten, dass die Engel Sie jemals auffordern würden, etwas zu tun, das Ihnen Angst macht.

Darüber hinaus müssen Sie sich nicht sorgen, von einem niederen Spirit »ausgetrickst« zu werden, da die charakteristische Eigenschaft der Engel von Liebe und Licht nicht vorgetäuscht werden kann, da es sich dabei um Gaben handelt, die direkt von Gott kommen. Wenn Sie jemandem in der physischen oder geistigen Welt begegnen, können Sie instinktiv sofort fühlen, ob er vertrauenswürdig und freundlich ist oder nicht. Das ist der Grund, warum Sie die »Visitenkarte« der Engel sofort erkennen können, die aus reiner, göttlicher Liebe besteht. Mit anderen Worten, Sie haben nichts zu befürchten, wenn Sie den Kontakt mit

Ihren Engeln aufnehmen. Ich habe festgestellt, dass Menschen, die mit Engeln arbeiten, eine engere Beziehung zu Gott entwickeln, da sie in der Lage sind, Ängste und Schuldgefühle von ihnen zu nehmen, die sie im Laufe ihres Lebens von Religionslehren übernommen haben.

Ich finde interessant, wie viele Kriege im Namen Gottes und der Religion seit jeher überall auf der Welt geführt wurden. Doch hat noch nie jemand im Namen von Engeln gekämpft. Sie sind *der* Teil von Spiritualität, mit dem wir alle einverstanden sind, unabhängig von unserem Glauben oder Nichtglauben … jeder liebt Engel.

Das Gesetz des freien Willens verstehen

Gott hat Ihnen und allen Menschen einen freien Willen gegeben, was bedeutet, dass Sie Ihre eigenen Entscheidungen treffen und entsprechend Ihrer persönlichen Glaubenssätze handeln können. Gott wird sich nicht in Ihren freien Willen einmischen, und ebenso wenig werden es die Engel tun.

Obwohl Gott und die Engel bereits wissen, was Sie brauchen, können sie ohne Ihre Erlaubnis nicht eingreifen. Aus diesem Grund müssen Sie Ihre Engel bitten, Ihnen zu helfen.

Die Engel werden Ihnen bei allem und jedem zur Seite stehen. Wie ich bereits erwähnt habe, gibt es nichts, das zu klein oder zu groß wäre, als dass sie nicht damit fertig werden könnten. Sie müssen nicht befürchten, den Engeln auf die Nerven zu gehen, da sie unbegrenzte Wesen sind, die jedem, der um ihre Hilfe bittet, gleichzeitig beistehen können. Bitte denken Sie nicht, Sie würden Ihre Engel von dringenderen Angelegenheiten abhalten. Für Ihre Engel gibt es nichts Wichtigeres, als Ihnen zu helfen.

Den Engeln stehen unbegrenzte Zeit, Kraft und Energie zur Verfügung. Es ist ihre heilige Ehre, Ihnen bei allem zu helfen, was Frieden in Ihr Herz bringt. Sie können diese Himmelswesen so oft Sie wollen um Hilfe bitten, ohne Angst haben zu müssen, sie über Gebühr zu strapazieren. Sie lieben es, wenn Sie sich an sie wenden!

Es gibt viele Möglichkeiten, Ihre Engel um Hilfe zu bitten:

- *Sprechen Sie es aus:* Richten Sie Ihre Bitte mit lauter Stimme entweder direkt an die Engel oder an Gott (die Wirkung ist dieselbe, da Gott und die Engel eins sind).
- *Denken Sie es:* Bitten Sie Ihre Engel im Geiste um Hilfe. Sie werden Ihre Gedanken mit bedingungsloser Liebe hören.

- *Schreiben Sie es auf:* Schütten Sie Ihren Engeln in einem Brief Ihr Herz aus.
- *Visualisieren Sie es:* Lassen Sie vor Ihrem geistigen Auge ein Bild von den Engeln entstehen, die sowohl Sie als auch Ihre Lieben, Ihren Besitz oder die jeweilige Situation umgeben.
- *Affirmieren Sie es:* Formulieren Sie eine Affirmation des Dankes, mit der Sie den Engeln dafür danken, das Problem gelöst zu haben.

Die Worte, die Sie benutzen, sind unwichtig, da die Engel auf das »Gebet Ihres Herzens« reagieren, das aus wirklich empfundenen Gefühlen, Wünschen und Anliegen besteht. Die Engel müssen aufgrund Ihres freien Willens lediglich Ihre Erlaubnis zum Eingreifen haben. Daher ist es unwichtig, *wie* Sie um ihre Hilfe bitten, sondern nur, *dass* Sie es tun.

***

Bitte beachten Sie: Alle in diesem Buch wiedergegebenen Geschichten sind wahr, versehen mit den tatsächlichen Namen der beteiligten Personen, es sei denn, sie sind mit einem Sternchen gekennzeichnet, was darauf hinweist, dass der Betreffende anonym bleiben wollte.

ERSTES KAPITEL

DIE EBENE DER ENGEL

Es gibt zahllose Engel, die Ihnen, mir und allen Menschen helfen möchten, in Frieden zu leben. Und genau wie Menschen haben sich auch die Engel auf unterschiedliche Bereiche spezialisiert. Nachfolgend finden Sie einen kurzen Überblick über die verschiedenen Arten himmlischer Wesen, die sich freuen würden, Ihnen zu helfen:

Schutzengel

Die Engel, die stets an Ihrer Seite weilen, sind als *Schutzengel* bekannt. Es handelt sich bei ihnen um nichtmenschliche himmlische Wesen, die direkt vom Schöpfer zu uns gesandt wurden. Sie sind nicht zu verwechseln mit uns nahestehenden Verstorbenen, die – wenn sie auch zuweilen als Engel agieren können – *Geistführer* genannt werden.

Unsere verstorbenen Freunde und Familienmitglieder haben ein Ego, genau wie alle anderen Menschen auch, egal ob lebend oder tot. Wenn sie es auch durchaus gut meinen mögen, ist ihre Führung nicht ganz so rein und vertrauenswürdig wie die der Schutzengel, die vom Moment unserer Geburt an bis zu unserem physischen Tod bei uns sind.

Egal, was wir im Leben tun, unsere Engel werden uns nie verlassen. Schutzengel sind Beschützer und Führer, die dafür sorgen, dass uns nichts passiert, dass wir glücklich und gesund bleiben und unsere Lebensaufgabe erfüllen. Doch wir müssen mit unseren Schutzengeln zusammenarbeiten, damit sich diese Absichten erfüllen. Das bedeutet, dass wir sie um ihre Hilfe bitten und annehmen müssen, was sie uns geben.

Aus meiner Erfahrung als lebenslang hellsichtig veranlagter Mensch ist mir noch nie jemand begegnet, der nicht mindestens zwei Schutzengel an seiner Seite hatte. Der eine ist forsch und kühn, um dafür zu sorgen, dass Sie an der Erfüllung Ihrer göttlichen Lebensaufgabe arbeiten; der andere ist stiller, und sein Hauptanliegen ist es, sie zu beruhigen und zu trösten. Doch nicht jeder Mensch ist in der Lage, die Stimmen seiner Engel deutlich zu hören. Wenn jeder dazu fähig wäre, hätten wir eine Welt voller Frieden!

Sie können durchaus auch mehr als zwei Schutzengel haben, und es hat gewisse Vorteile, von mehreren Engeln umgeben zu sein. Sie haben die Funktion eines Burgwalls, indem sie Sie vor Negativität schützen. Je mehr Engel Sie an Ihrer Seite haben, desto stärker werden Sie das Gefühl ihrer göttlichen Liebe und Fürsorge spüren. Zudem ist es leichter, einen ganzen Chor von Engeln zu hören anstatt die Stimme nur eines oder zwei dieser himmlischen Wesen.

Rufen Sie zusätzliche Engel herbei, indem Sie darum bitten, Gott möge sie Ihnen schicken; oder indem Sie diese Bitte direkt an die Engel richten; oder indem Sie sich vorstellen, dass Sie von mehreren Engeln umgeben sind. Sie können um so viele Engel bitten, wie Sie wollen.

Manche Menschen haben zusätzliche Schutzengel in ihrer Nähe, weil ein Verwandter oder guter Freund darum gebeten hat, dass sie von mehreren Engeln umgeben sein mögen. Personen, die ein Nahtoderlebnis hatten, werden von zusätzlichen Engeln begleitet, die ihnen helfen, sich nach ihren Erlebnissen auf der anderen Seite wieder mit dem Leben auf der Erde zurechtzufinden.

Jedes Mal, wenn Gott an Liebe denkt, wird ein neuer Engel geboren. Das bedeutet, dass es unendlich viele Engel gibt, die jedem Menschen jederzeit zur Verfügung stehen.

Erzengel

Erzengel sind sozusagen Manager, die unsere Schutzengel beaufsichtigen. Sie sind eine Gruppe der neun Chöre der Engel (zu denen Engel, Erzengel, Gewalten, Mächte, Fürstentümer, Herrschaften, Throne, Cherubim und Seraphim gehören). Von all diesen Engeln sind Schutzengel und Erzengel am meisten damit beschäftigt, der Erde und ihren Bewohnern zu helfen.

Verglichen mit Schutzengeln sind Erzengel sehr groß, laut und machtvoll, doch gleichzeitig äußerst liebevoll und ohne jegliches Ego. Als nichtphysische himmlische Wesen sind sie zudem geschlechtslos. Jedoch verleihen ihnen ihre spezifischen Talente und Eigenschaften deutlich männliche oder weibliche Energien und Persönlichkeiten.

Die Bibel erwähnt die Erzengel Michael und Gabriel. Einige Versionen der Bibel führen zudem die Erzengel Raphael und Uriel auf, während alte jüdische Schriften von bis zu fünfzehn Erzengeln sprechen.

Sie werden anhand der nachfolgenden Liste feststellen, dass bis auf zwei alle Namen der Erzengel mit der Silbe »el« enden, hebräisch für »von Gott« oder »gottgleich«. Bei den beiden Ausnahmen zu dieser Regel handelt es sich um biblische Propheten, die als Menschen ein so vorbildliches Leben geführt haben, dass sie nach ihrem Tod in den Rang der Erzengel aufstiegen.

Diese Erzengel sind zuweilen unter verschiedenen Namen bekannt, doch sind sie hier mit ihren am häufigsten verwendeten Namen aufgeführt, zusammen mit ihren Besonderheiten, individuellen Eigenschaften und einer kurzen Beschreibung:

Ariel

Der Name bedeutet so viel wie »Löwin Gottes«. Sie hilft uns, unsere physischen Bedürfnisse zu erfüllen (wie zum Beispiel Geld, ein Dach über dem Kopf und die grundlegenden Dinge, die wir zum Leben brauchen). Außerdem hilft Ariel bei Umweltfragen sowie bei der Versorgung und Heilung von Tieren. Ariel arbeitet mit Erzengel Raphael zusammen (der ebenfalls den Tieren hilft und sie heilt) sowie der himmlischen Ebene der »Throne«. Historisch wird sie mit König Salomon und den Gnostikern assoziiert, die glaubten, dass Ariel die Herrscherin des Windes sei.

Azrael

was übersetzt heißt: »Der, dem Gott hilft«. Er hilft, die Seelen Verstorbener in den Himmel zu bringen, befreit die Trauernden von Kummer und hilft außerdem jenen, die trauernde Hinterbliebene trösten. In der hebräischen und islamischen Tradition als »Engel des Todes« bezeichnet, wird Azrael mit Erzengel Raphael und König Salomon assoziiert.

Gabriel

was so viel heißt wie »Bote Gottes«. Dieser Erzengel hilft Übermittlern von Botschaften, wie beispielsweise Autoren, Schriftstellern, Lehrern und Journalisten. Darüber hinaus hilft Gabriel den Eltern sowohl bei der Empfängnis und Erziehung ihrer Kinder als auch bei Adoptionen.

In manchen Glaubensrichtungen wird dieser Erzengel als männlich dargestellt, während andere ihn als weiblich wahrnehmen. Gabriel überbrachte Zacharias und der Jungfrau Maria die Kunde der bevorstehenden Geburt von Johannes dem Täufer und Jesus, wie es im Lukasevangelium berichtet wird. Im Alten Testament rettete Gabriel während der Zerstörung Sodoms Abrahams Sohn Lot vor dem Tod. Mohammed sagte, dass Erzengel Gabriel ihm den Koran diktiert habe.

Haniel

Ihr Name bedeutet »Ruhm Gottes«. Sie heilt Frauen während ihres monatlichen Zyklus und hilft bei Hellsichtigkeit. Sie wird mit dem Planeten Venus und dem Mond in Verbindung gebracht und ist einer der zehn Sephiroth-Erzengel in der Kabbala. Haniel wird oft als der Engel bezeichnet, der den Propheten Enoch nach seinem physischen Tod in den Himmel begleitete.

Jeremiel

was soviel heißt wie »Gnade Gottes«. Dieser Erzengel hat mit Emotionen zu tun, indem er uns hilft, unser Leben einer Inventur zu unterziehen, damit wir vergeben können, und der uns darüber hinaus motiviert, positive Änderungen in Angriff zu nehmen. Alte hebräische Schriften bezeichnen Jeremiel als einen der sieben Ur-Erzengel. Da Baruch, ein sehr produktiver jüdischer Autor heiliger Schriften, bei seiner Arbeit die Unterstützung Jeremiels erhielt, gilt dieser Erzengel als Helfer bei prophetischen Visionen.

Jophiel

was so viel heißt wie »Schönheit Gottes«. Sie heilt negative und chaotische Situationen; sie bringt nicht nur Schönheit und ordnet unsere Gedanken, unser Heim, unseren Arbeitsplatz und andere Umgebungen, sondern beseitigt auch Negativität in diesen Bereichen. In manchen Überlieferungen wird sie als Iofiel oder Sophiel bezeichnet. Jophiel ist als »Beschützer der Künstler« bekannt, und die Tora beschreibt sie als »Hüterin von Gottes Gesetz«.

Metatron

Er war der Prophet Enoch, der nach einem tugendhaften Leben heiligen Dienens zur Ebene der Erzengel aufstieg. Metatron heilt Lernschwierigkeiten und Probleme in der Kindheit und hilft besonders den neuen Indigo- und Kristallkindern. In der alten jüdischen Tradition ist Metatron ein extrem wichtiger Erzengel und Herrscher über die Erzengel in der Sephiroth-Kabbala. In der Kabbala wird Metatron die Ehre zugeschrieben, Moses beim Auszug aus Ägypten zur Seite gestanden zu haben. Der Talmud sagt, dass Metatron nicht nur über die Kinder auf der Erde, sondern auch über die Kinder im Himmel wacht.

Michael

Sein Name bedeutet »Er, der wie Gott ist«. Dieser Erzengel befreit uns von Angst und Zweifeln; er beschützt uns und beseitigt Negativität. In der Regel als machtvollster aller Erzengel angesehen, wird er in der Bibel und anderen christlichen, hebräischen und islamischen heiligen Schriften als der Engel erwähnt, der heroische Taten des Schutzes vollbracht hat. Michael ist der Schutzpatron der Polizisten, da er diejenigen beschützt und ihnen Mut verleiht, die ihn darum bitten. Er steht dem himmlischen Bereich vor, der als »Mächte« bekannt ist.

Raguel

Sein Name bedeutet »Freund Gottes«. Er bringt die Harmonie in alle zwischenmenschlichen Beziehungen und hilft, Missverständnisse zu beseitigen. Das Buch des Propheten Enoch beschreibt Raguel als den Aufseher über alle Engel, der dafür sorgt, dass ihre Interaktionen harmonisch sind. Raguel wird als der Erzengel bezeichnet, der bei der Himmelfahrt des Propheten Enoch und dessen Transformation in den Erzengel Metatron behilflich war.

Raphael

Sein Name bedeutet »Er, der heilt«. Er heilt alle Arten von Erkrankungen und Leiden und steht sowohl professionellen Heilern zur Seite als auch denen, deren Absicht es ist, zu heilen. Er ist einer der drei heute heilig gesprochenen Erzengel (die anderen beiden sind Michael und Gabriel, wenn es auch eine Zeit gab, als sieben Erzengel heilig gesprochen waren). Im Buch Tobit (einem kanonischen Bibeltext) beschreibt Raphael sich selbst als einen Diener »im Angesicht der Glorie Gottes«. Er wird als einer der drei Erzengel angesehen, die den Patriarchen Abraham besuchten. Da er Tobias auf seiner Reise zur Seite stand, gilt Raphael als Schutzpatron der Reisenden. Seine wichtigste Aufgabe besteht jedoch im Heilen und in der Unterstützung von Heilern.

Raziel

Sein Name bedeutet »Geheimnisse Gottes«. Er heilt spirituelle und psychische Blockaden und hilft uns bei der Interpretation von Träumen sowie bei Erinnerungen an vergangene Leben. Alte jüdische Legenden sagen, dass Raziel so nahe am Thron Gottes sitzt, dass er alle Geheimnisse des Universums hört, die er in einer Schrift mit dem Titel *Sefer*

Raziel (was so viel heißt wie *Das Buch des Engels Raziel*) festgehalten hat. Der Legende nach gab Raziel diese Schrift Adam, als er das Paradies verlassen musste, und später Noah während des Baus an seiner Arche. Die Kabbala beschreibt Raziel als die Verkörperung göttlicher Weisheit.

Sandalphon

Er war zu Lebzeiten auf der Erde der Prophet Elias, der nach seinem physischen Tod in den Rang eines Erzengels aufstieg. Er hat viele Aufgaben; unter anderem hilft er Menschen bei der Heilung ihrer aggressiven Neigungen, und er überbringt Gott unsere Gebete. Darüber hinaus hilft Sandalphon Musikern, vor allen Dingen jenen, die Musik für heilende Zwecke einsetzen. Da er einer der beiden Menschen war, die in den Rang eines Erzengels aufstiegen, wird Sandalphon als Zwillingsbruder Metatrons betrachtet (zu Lebzeiten der Prophet Enoch). Alte hebräische Überlieferungen sprechen von Sandalphons beeindruckender Erscheinung und berichten, dass Moses Sandalphon »den großen Engel« nannte.

Uriel

Sein Name bedeutet »Gott ist Licht«. Er ist ein Engel der Weisheit und Philosophie, der unseren Geist mit Einsichten und neuen Ideen erleuchtet. In heiligen hebräischen Texten wird Uriels Rolle als sehr vielseitig und umfassend beschrieben. Als der Engel des Lichts wird er häufig mit der himmlischen Ebene der erleuchteten »Seraphim« assoziiert, die Gott von den neun Chören der Engel am nächsten sind. Man glaubt, dass Uriel der Engel ist, der Noah vor der bevorstehenden Flut warnte. In der Regel wird Uriel als einer der vier Haupt-Erzengel bezeichnet, neben Michael, Gabriel und Raphael.

Zadkiel

Sein Name bedeutet so viel wie »Gerechtigkeit Gottes«. Er heilt Gedächtnisschwäche und hilft bei anderen mentalen Funktionen. Viele Gelehrte glauben, dass Zadkiel der Engel war, der Abraham davon abhielt, seinen Sohn Isaak zu opfern. Die Kabbala beschreibt Zadkiel als einen »Mitherrscher«, der Michael bei seiner Aufgabe unterstützt, uns vor niederen Energien zu schützen und davon zu befreien.

Die Erzengel sind überkonfessionell, was besagt, dass Sie nicht einer bestimmten Religion angehören müssen, um ihre Aufmerksamkeit und Hilfe beanspruchen zu können. Da Erzengel unbegrenzte, nichtphysische Wesen sind, können sie gleichzeitig bei jedem Menschen sein und dem helfen, der sie anruft. Die Erzengel werden in jedem Fall antworten, egal ob Sie Ihre Bitten laut aussprechen, denken oder aufschreiben. Sie können die Erzengel sogar bitten, ständig an Ihrer Seite zu sein, und sie werden dieser Bitte mit Freuden nachkommen.

Wie sehen Engel aus?

Diese Frage wird mir häufig gestellt. Als Kind habe ich Engel vorwiegend als funkelnde weiße und farbige Lichter gesehen. Als ich älter wurde und meine Sicht klarer, konnte ich ihren Umriss erkennen. Heute sehe ich um jeden Menschen herum Engel, egal wo ich auf der Welt bin. Ihre Schönheit ist atemberaubend und ehrfurchtgebietend.

Engel sind lichtdurchlässig und halbdurchsichtig. Sie haben keine Haut, so weisen ihre Körper, Augen, Haare keine »Rassenmerkmale« auf. Sie leuchten in verschiedenen Farben, entsprechend ihrer Energie. Bekleidet sind sie mit einer Art schimmernder Chiffongewänder.

Engel sind mit großen, schwanengleichen Flügeln ausgestattet, wenn ich auch noch nie gesehen habe, dass einer von ihnen mit den Flügeln schlägt, um zu fliegen. Die Engel teilten mir mit, dass die Künstler, die sie damals gemalt hatten, ihre strahlende Aura fälschlicherweise für Heiligenscheine und Flügel gehalten und sie daher auf diese Weise dargestellt hätten. Und da wir heute erwarten, dass Engel so aussehen wie auf diesen Gemälden, erscheinen sie uns seither als geflügelte Wesen.

Engel gibt es in allen Größen und Formen, genau wie Menschen. Die Erzengel sind unter allen Engeln die höchstgewachsenen, was nicht überraschen dürfte. Die Cherubim sehen aus wie gut genährte Babys mit Flügeln. Schutzengel sind in der Regel ungefähr einen bis anderthalb Meter groß.

Engel befinden sich auf einer höherfrequenten Wellenlänge als wir Menschen. Zu vergleichen mit Fernseh- oder Rundfunkstationen auf parallel verlaufenden, aber unterschiedlichen Bandbreiten – die Engel existieren neben uns auf einer Energieebene, die wir fühlen und viele von uns sehen und hören können. Ob Sie die Gegenwart Ihrer Engel in diesem Moment spüren können oder nicht, in jedem Fall haben Sie die Möglichkeit, den Kontakt mit ihnen aufzunehmen und umgehend ihre Hilfe zu erhalten, wie Sie im nächsten Kapitel erfahren werden.

ZWEITES KAPITEL

WIE SIE IHRE ENGEL KONTAKTIEREN KÖNNEN

Nachdem Sie Ihre Engel um Hilfe gebeten haben, machen diese sich umgehend in Ihrem Namen an die Arbeit. Sie werden einen oder mehrere der folgenden Schritte vornehmen.

- Direkte Intervention und Manifestation Ihrer Wünsche genau zum richtigen Zeitpunkt.
- Sie geben Ihnen ein Zeichen, damit Sie wissen, dass sie bei Ihnen sind.
- Sie lassen Ihnen Führung und Instruktionen zukommen, damit Sie die entsprechenden Schritte vornehmen können, um mit Hilfe der Engel die Antwort auf Ihr Gebet zu manifestieren.

Führung und Weisungen sind die am häufigsten verwendete Methode, mit der Engel unsere Gebete beantworten. Diese Vorgehensweise wird *göttliche Führung* genannt. Wenn Sie diese Art von Führung erhalten, müssen Sie entsprechend handeln, damit Ihr Wunsch realisiert wird. Viele Menschen, die glauben, dass ihre Gebete unerhört bleiben, ignorieren in Wahrheit die Information, die sie erhalten haben.

Göttliche Führung erscheint wiederholt, ist liebevoll, beglückend, ermutigend und fordert uns stets auf, eine Situation zu verbessern. Sie kann sich in einer von vier Möglichkeiten (oder einer Kombination davon) zeigen:

1. Physisch oder emotional

Sie bekommen ein »Gefühl im Bauch«, ein Kribbeln, Gänsehaut, eine intuitive Ahnung, oder sie fühlen die Gegenwart eines Engels in Ihrer Nähe. Diese Empfindungen leiten Sie an, positive Veränderungen vorzunehmen, und sind unter der Bezeichnung *Hellfühlen* bekannt.

Personen, die ihre göttliche Führung durch Gefühle erhalten, neigen dazu, besonders sensibel für Energie, die Gefühle anderer Menschen und für Chemikalien zu sein. Wenn dies auf Sie zutrifft, werden Sie lernen müssen, zu unterscheiden, wie und mit wem Sie Ihre Zeit verbringen, da Sie von Energien stärker berührt werden als Ihre Mitmenschen.

Eine Möglichkeit, mit dieser erhöhten Empfindsamkeit umzugehen, besteht darin, sich zu schützen und die eigene Energie zu klären. Dies tun Sie, indem Sie um geistigen Schutz beten oder sich vorstellen, dass Sie von einem schützenden Licht umgeben sind. Um Ihre Energie zu klären, bitten Sie die Engel, jegliche Negativität zu beseitigen, die Sie vielleicht im Laufe des Tages aufgenommen haben.

Nachdem Sie Ihre Engel um Antworten oder Beistand gebeten haben, achten Sie auf sich wiederholende oder besonders starke Gefühle. Beachten Sie diese Gefühle und vermeiden Sie jegliche Tendenz, zu sagen: »Oh, das ist nur so ein Gefühl.« Die hauptsächliche Methode, mit der Gott und die Engel zu uns sprechen, ist durch unsere Gefühle. Wahre göttliche Führung sorgt dafür, dass Sie sich sicher und geliebt fühlen.

Folgen Sie allen Gefühlen, die Sie dazu anleiten, positive Veränderungen vorzunehmen, selbst wenn sie unlogisch erscheinen oder den Anschein erwecken, nichts mit Ihrer Bitte um Hilfe zu tun zu haben. Falls Sie unsicher sind, ob es sich bei Ihren Gefühlen um echte göttliche Führung handelt, bitten Sie Ihre Engel um ein Zeichen zur Bestätigung Ihrer Gefühle.

2. Visionen und Träume

Sie sehen vor Ihrem geistigen Auge ein Bild; in einem Traum oder auch im Wachzustand wird Ihnen eine sehr deutliche Visitation zuteil; Sie sehen funkelnde oder flackernde Lichter; oder Sie sehen eine Art Film vor Ihrem inneren Auge, der Informationen für Sie enthält. Diese Vorgänge werden *Hellsehen* genannt.

Personen, die ihre göttliche Führung auf diese Weise erhalten, sind in der Regel besonders empfindsam für Licht, Farben und Schönheit in der physischen Welt. Falls Sie visuell orientiert sind, fühlen Sie sich am wohlsten, wenn Sie sich künstlerisch oder kreativ ausdrücken können. Sie sind in der Lage, sich Ihre Wünsche bereits verwirklicht vorzustellen, was Ihnen hilft, in vielen Bereichen erfolgreich zu sein.

Viele Menschen denken fälschlicherweise, dass Hellsichtigkeit bedeutet, mit offenen Augen Engel als dreidimensionale, undurchsichtige Wesen zu sehen. Wenn dies auch gelegentlich der Fall ist, sehen die meisten hellsichtig veranlagten Menschen Engel jedoch als flüchtige ätherische Bilder vor ihrem inneren Auge. Diese mentalen Bilder sind genauso gültig wie das, was Sie vielleicht mit Ihren physischen Augen sehen.

Nachdem Sie Ihre Engel um Hilfe gebeten haben, achten Sie auf alle Bilder, die Ihnen in den Sinn kommen, oder auf Zeichen, die Sie mit

Ihren physischen Augen sehen. Wenn Sie die Vision eines »wahr gewordenen Traumes« sehen, bitten Sie Ihre Engel, Sie Schritt für Schritt zur Verwirklichung dieses Traumes zu führen.

3. Inneres Wissen

Sie wissen Dinge, ohne einen logischen Grund dafür nennen zu können, so als hätte Gott Ihnen die Information einprogrammiert; Sie sprechen oder schreiben mit einer Weisheit, die Ihr gegenwärtiges Wissen übersteigt; Sie wissen, wie Sie ein Objekt reparieren müssen, ohne die Gebrauchsanweisung lesen zu müssen. Dieser Vorgang wird *Hellwissen* genannt.

Personen, die ihre göttliche Führung durch »wortlose Worte« erhalten, tendieren dazu, hoch intellektuell und analytisch zu sein. Falls Sie denkorientiert sind, werden die Antworten auf Ihre Gebete als brilliante Ideen zu Ihnen kommen, die Sie auffordern, ein neues Unternehmen zu gründen, etwas zu erfinden, ein Buch zu schreiben und Ähnliches. Sie sind ein natürlicher Kanal göttlicher Kreativität, erfüllt von einer Weisheit, die weit über Ihr Alter hinausgeht.

Wenn Sie Offenbarungen und Ideen empfangen, vermeiden Sie den

Fehler zu denken, dass es sich hierbei um Allgemeinwissen handelt oder um etwas, das jeder weiß. Vertrauen Sie darauf, dass Sie in der Lage sind, diese göttlichen Gaben im Keim zu erwecken und zu voller Blüte zu bringen. Sie können die Engel bitten, Ihnen die Anweisungen und das Selbstvertrauen zu geben, um die erforderlichen Schritte vorzunehmen.

4. Worte und Geräusche

Sie hören beim Aufwachen, wie jemand Ihren Namen ruft; Sie hören Takte einer himmlischen Musik; Sie erlauschen ein Gespräch, das völlig auf Sie zugeschnitten zu sein scheint; Sie hören einen hohen Klingelton in einem Ohr, oder Sie hören ein Lied in Ihrem Inneren oder im Radio, das eine besondere Bedeutung für Sie hat. All dies fällt unter den Begriff *Hellhören*.

Personen, die ihre göttliche Führung als Worte empfangen, sind Lärm und Geräuschen gegenüber sehr empfindsam. Wenn Sie hellhörig sind, hören Sie tatsächlich eine Stimme in Ihrem Inneren oder nahe an Ihrem Ohr. Die Engel benutzen ausnahmslos positive und erhebende Worte, und es hört sich so an, als würde jemand zu Ihnen sprechen.

Vielleicht hören Sie auch einen hohen Klingelton in einem Ohr. Auf diese Weise lassen Ihnen die Engel hilfreiche Informationen und Energie zukommen. Sollte der Klingelton unangenehm und störend sein, bitten Sie die Engel, die Lautstärke zu verringern.

Wenn Sie Botschaften hören, die Sie auffordern, positive Schritte vorzunehmen, ist es wichtig, dass Sie darauf hören. In einem Notfall oder einer dringenden Situation, die keinen Aufschub duldet, sprechen die Engel mit einer lauten, klaren Stimme, die direkt auf den Punkt kommt. Ansonsten sind ihre Stimmen weicher, sanfter, was erfordert, dass Sie dafür sorgen müssen, innerlich und äußerlich ruhig zu bleiben, damit Sie die himmlischen Stimmen hören können. Während Sie immer empfänglicher dafür werden, den angenehmen Klang der Engelsstimmen zu vernehmen, werden Sie wahrscheinlich Ihre Ohren vor lauten Geräuschen schützen wollen.

Beispiele göttlicher Führung

Egal ob sie durch Gefühle, Worte, Visionen oder Gedanken zu uns sprechen, die Botschaften der Engel sind immer erhebend, liebevoll und inspirierend. Die Engel sind wie Fluglotsen, die sehen können, was vor uns, hinter uns und neben uns liegt. Mit anderen Worten, sie haben einen umfassenderen Blick dafür, wie unsere heutigen Aktionen unsere Zukunft beeinflussen werden. Wenn die Engel Sie also anleiten, etwas zu tun, das in keiner Beziehung zu Ihren Gebeten zu stehen scheint, liegt das daran, dass sie sehen können, wie vorteilhaft sich solche Taten auf Ihre Zukunft auswirken.

Hier sind einige Beispiele für Themen, bei denen die Engel uns göttliche Führung zuteil werden lassen:

- *Gesundheit und Lebensstil:* Verbesserung Ihrer Ernährungsweise; Entgiftung; mehr oder andere körperliche Bewegung; Aufenthalt in der freien Natur.
- *Spiritualität:* mehr Meditation; Yoga; Ausgeglichenheit in Geist, Körper und das eigene Heim bringen.
- *Beruf und Finanzen:* Ihren wahren Neigungen folgen, Geldsorgen loslassen; Arbeitsstress reduzieren.
- *Emotionen:* Loslassen von Angst und Sorgen; sich selbst und anderen vergeben; die Neigung zum Verzögern und Aufschieben überwinden.

Vergessen Sie nicht zu bitten

Es gibt ein altes Sprichtwort, das besagt: »Jene, die Briefe schreiben, sind diejenigen, die die meiste Post bekommen.« Nun, genauso verhält es sich mit den Engeln. Wenn Sie gerne mehr von Ihren Engeln hören wollen, dann sprechen Sie einfach häufiger mit ihnen.

Teilen Sie Ihre Träume, Enttäuschungen, Ängste, Sorgen und Freuden mit ihnen. Fragen und bitten Sie sie um *alles*, da die Engel Ihnen in jedem Bereich Ihres Lebens helfen wollen.

Ihre persönliche Beziehung mit Ihren Schutzengeln wird sich vertiefen, wenn Sie regelmäßig mit ihnen kommunizieren. Eine Möglichkeit, Ihre Engel noch besser kennenzulernen, besteht darin, sie nach ihrem Namen zu fragen. Denken oder sprechen Sie diese Bitte aus: »Engel, bitte sagt mir eure Namen«, und achten Sie auf das Wort, das Ihnen als Gedanke, Laut, Gefühl oder Vision in den Sinn kommt. Am besten ist es, diese Namen aufzuschreiben, damit Sie sie nicht vergessen (einige von ihnen klingen vielleicht ungewöhnlich). Sollten Sie keine Namen empfangen, bedeutet dies in der Regel, dass Sie sich zu angestrengt bemühen, etwas zu hören. Warten Sie, bis Sie entspannter sind, und fragen Sie dann erneut.

Als Nächstes sagen Sie zu Ihren Engeln: »Bitte schickt mir Zeichen in der physischen Welt, die ich leicht wahrnehmen kann, und helft mir auf diese Weise sicherzugehen, dass ich eure Namen richtig verstanden habe.« Dann werden Sie die Namen, die Sie gehört haben, zum Beispiel bei Personen wiederfinden, denen Sie begegnen, in Gesprächen, die Sie zufällig mitbekommen, usw.

Üben Sie, Ihren Engeln Fragen zu stellen und dann auf ihre Antworten zu lauschen. Es wird nicht lange dauern, und Sie werden lernen, die Stimmen der Engel augenblicklich von der Stimme des Egos zu unterscheiden (dem angsterfüllten Teil von uns). Man kann es vergleichen mit dem Abheben des Telefonhörers und dem sofortigen Wissen, ob es sich bei der Stimme am anderen Ende um einen nahestehenden Menschen handelt oder um einen Telefonverkäufer.

Mit Übung werden Sie außerdem lernen, der Führung der Engel zu vertrauen und sich auf sie zu verlassen, da Sie immer wieder feststellen, dass Ihnen nach dem Befolgen ihres liebevollen Rates Erfolg beschieden ist.

Tipps für größere Klarheit

Sie können Ihre Engel bitten, Ihnen zu helfen, sie besser zu hören oder die Bedeutung ihrer etwas verschlüsselteren Botschaften besser zu verstehen. Nachfolgend einige andere Möglichkeiten, die Klarheit bei der göttlichen Kommunikation mit Ihren Engeln zu verstärken:

Atmen

Wenn wir gestresst sind, halten wir oft unseren Atem an. Das hindert uns daran, die Botschaften zu hören, die unseren Stress reduzieren könnten. Also denken Sie daran, tief zu atmen, wenn Sie mit Ihren Engeln sprechen. Die Engel haben mir gesagt, dass ihre Botschaften auf den Sauerstoffmolekülen übermittelt werden, daher leuchtet es ein, dass wir ihre Mitteilungen umso deutlicher hören, je mehr frische Luft wir einatmen. Das ist der Grund, warum es einfacher ist, Ihre Engel draußen in der Natur zu hören oder in der Nähe von Wasser (einschließlich Ihrer Badewanne oder Dusche).

Entspannen

Zu große Anstrengung verhindert klare göttliche Kommunikation. Sie müssen sich nicht anstrengen, um Ihre Engel zu hören, da diese himmlischen Wesen die Kommunikation mit Ihnen noch mehr wünschen als Sie. Stattdessen entspannen Sie Ihren Körper mit Hilfe Ihres Atems. Begeben Sie sich in einen empfänglichen Zustand und bitten Sie Ihre Engel, Ihnen zu helfen, jegliche Anspannung in Ihrem Geist und Körper loszulassen.

Folgen Sie ihrer Führung

Falls Ihre Engel Sie bitten, Ihre Ernährungsweise zu verbessern, liegt das wahrscheinlich daran, dass sie wissen, dass aufbereitete Nahrungsmittel und chemische Zusätze zu einer Statik in den göttlichen Kommunikationslinien führen. Ihre Engel sind Ihre besten Lehrer, indem sie Ihnen zeigen, wie Sie ihre Stimme besser hören können. Bitten Sie diesbezüglich um ihren Beistand und folgen Sie dann jeglicher Führung, die Sie erhalten.

Bitten Sie um Zeichen

Wenn Sie nicht sicher sind, ob Sie Ihre Engel richtig hören, bitten Sie sie, Ihnen ein Zeichen zu geben. Dabei sollten Sie nach Möglichkeit nicht vorgeben, welche Art von Zeichen Sie gerne hätten. Erlauben Sie der unendlichen Kreativität der Engel, sich ein wundervolles Zeichen auszudenken, das Sie problemlos erkennen können. Sie werden entzückt sein von dem liebevollen Humor, den Engel in ihrer Wahl der Zeichen zum Ausdruck bringen, wie Sie im folgenden Kapitel lesen werden.

DRITTES KAPITEL

ZEICHEN DER ENGEL

Die Engel geben uns Zeichen, damit wir wissen, dass sie und ihre Botschaften echt sind. Ein Zeichen kann alles sein, was Sie in der physischen Welt dreimal oder öfter sehen oder hören oder auf eine sehr ungewöhnliche Weise erhalten. Wenn Ihnen zum Beispel dreimal oder öfter derselbe Buchtitel ins Auge fällt, handelt es sich dabei wahrscheinlich um eine Empfehlung Ihrer Engel, dieses Buch zu lesen.

Darüber hinaus hinterlassen die Engel Federn an ungewöhnlichen Orten als Zeichen ihrer Anwesenheit, wahrscheinlich weil wir Federn mit Engelsflügeln assoziieren. In den beiden folgenden Geschichten haben die Engel Federn als Zeichen der Rückversicherung dafür hinterlassen, dass eine belastende Situation einen guten Ausgang haben wird.

Als Sandras Kater Jerry erkrankte, brachte sie ihn in die Tierklinik. Sein Zustand verschlechterte sich rapide, und er fiel ins Koma. Doch

Sandra war nicht bereit, ihren geliebten Kater aufzugeben, also bat sie ihre Engel um Hilfe. Als sie am nächsten Tag ihr Haus verließ, um Jerry im Krankenhaus zu besuchen, fand Sandra eine weiße Feder vor ihrer Tür. Sie nahm dies als positives Zeichen auf, dass die Engel ihrer Katze helfen würden, wieder gesund zu werden.

In der darauffolgenden Woche fanden Sandra und ihr Mann jedes Mal, wenn sie ihr Haus verließen und Jerry im Krankenhaus besuchen wollten, eine weiße Feder auf ihrer Veranda. Sandra legte die acht Federn, die sie eingesammelt hatte, auf ein Foto von Jerry und bat weiterhin Gott und die Engel, ihren geliebten Kater zu heilen. Schließlich genas Jerry so weit, dass er wieder nach Hause zurückkehren konnte. Seine Gesundheit ist in den sechs Jahren, die seit der Zeit vergangen sind, als die Engel durch Federn ein gutes Ende der Situation signalisiert hatten, stets ausgezeichnet gewesen.

Genau wie Sandra hat auch Kathryn so viele Federn erhalten, dass sie schließlich wusste, ihre missliche Lage würde sich zum Guten wenden:

Kathryn hatte einen Streit mit einer Freundin und überlegte, ob sie die Beziehung beenden sollte, daher bat sie ihre Engel um Führung. Als Kathryn später einmal in ihrem Garten saß und wegen der traurigen Situation mit ihrer Freundin weinte, schwebte genau in diesem Augenblick eine weiße Feder an ihr vorbei. Sie nahm dies als Zeichen auf, dass die Engel an ihrer Beziehung arbeiteten und sie im Moment keine weiteren Schritte zu unternehmen brauchte.

Als Kathryn am selben Nachmittag ihre Kinder von der Schule abholte, bat sie ihre Engel erneut um ein Zeichen, dass ihre Beziehung wieder heilen würde. Sie blickte nach unten und sah vor ihren Füßen eine weitere Feder liegen, und gleich darauf noch eine. Als sie bei der Schule ankam, hatte Kathryn 35 Federn eingesammelt, was sie als ein sehr positives Zeichen deutete. Und es dauerte tatsächlich nicht lange, bis Kathryn und ihre Freundin das Missverständnis ausgeräumt hatten und sich bis zum heutigen Tag ganz besonders nahestehen.

Ein weiteres weit verbreitetes Zeichen sind Wolken in Formen von Engeln, wie die folgende Geschichte zeigt:

Im Notarztwagen auf dem Weg zu einer lebensnotwendigen Herzoperation hatte Mary verständlicherweise Angst vor dem, was ihr bevorstand. Sie betete um Hilfe, und als sie aus dem Fenster des Notarztwagens schaute, sah sie eine Wolke in der deutlichen Form eines Engels, der im Gebet niedergekniet war. Mary wusste augenblicklich, dass alles gut werden würde. Sie erinnerte sich während der Operation und des

Genesungsprozesses immer wieder an diese Vision, in dem absoluten Vertrauen, dass die Engel über sie wachten. Und genau das taten sie! Heute ist Mary wieder ganz gesund und sehr dankbar für das beruhigende Zeichen, das die Engel ihr geschickt hatten.

Zuweilen erscheinen die Zeichen, die wir erhalten, in Form eines Duftes anstatt als etwas, das wir sehen oder hören. Viele Menschen berichten, dass sie Parfum, Blumen oder Rauch rochen, wenn ihre Engel in der Nähe waren:

Kathleen wollte unbedingt ihr Haus verkaufen, damit sie in die Nähe ihrer Tochter ziehen konnte, die in ein paar Monaten ihr erstes Kind erwartete. Eines Abends, frustriert darüber, dass ein potenzieller Käufer im letzten Moment einen Rückzieher gemacht hatte, saß Kathleen in ihrer Küche und weinte. Plötzlich war der ganze Raum zu Kathleens Verblüffung von Rosenduft erfüllt. Sie konnte sich keinen Reim darauf machen, doch eine Freundin erklärte ihr, dass dies ein weit verbreitetes Zeichen der Engel war, dass alles in Ordnung kommen würde. Und so war es auch – bald darauf hatte Kathleen ihr Haus verkauft.

Danach brauchte Kathleen die Hilfe ihrer Engel, um ein neues Haus in der Nähe ihrer Tochter zu finden. Und wieder kamen die Engel ihr zu Hilfe und führten sie zu einem schönen Haus zu einem fairen Preis.

Kathleen wusste, dass dieses Haus genau das richtige war, als sie im Vorgarten einen herrlichen Rosenstrauch blühen sah. Sie erinnert sich: »Eine besonders leuchtende rote Rose hob sich von den anderen ab, und ich wusste, dass ich ein neues Zuhause gefunden hatte.«

Engelslichter

Ungefähr fünfzig Prozent aller meiner Zuhörer weltweit berichten, mit ihren physischen Augen Lichtblitze gesehen zu haben. Diese Lichter sehen aus wie die Blitzlichter bei Fotoapparaten oder wie schimmernde Funken. Manchmal sind es weiße Lichter, und manchmal diamantähnliche, leuchtende Nuancen von Purpur, Blau, Grün und anderen Farben. Mehrere Personen haben mir erzählt, dass sie ihre Augen untersuchen ließen, weil sie Angst hatten, ihre Wahrnehmungen funkelnder Lichter ließen auf einen Sehfehler schließen. Jedoch hatte der Augenarzt ihnen jeweils versichert, dass ihre physischen Augen in bester Verfassung waren.

Der Grund dafür ist, dass diese Lichter einen nichtphysischen Ursprung haben. Ich nenne dieses Phänomen *Engelslichter* oder *Engelsspuren*. Wenn Sie diese Lichter sehen, sehen Sie in Wahrheit die Reibung der Energie von Engeln, die sich durch den Raum bewegen. Es ist ein wenig so, als würden Sie Funken sehen, die aus dem Auspuff eines schnell fahrenden Autos stieben.

Die weißen Lichter sind Emanationen unserer Schutzengeln, und die farbigen die der Erzengel. Hier ist eine Liste, die Ihnen hilft zu unterscheiden, mit welchen Erzengeln Sie in Kontakt sind, wenn Sie farbige Blitze oder Lichtfunken sehen:

Beige
Azrael, der Erzengel, der uns hilft, Trauer zu bewältigen.

Blau (hellblau, fast weiß)
Haniel, die bei Frauenleiden und bei Hellsichtigkeit hilft.

Blau (blaugrün)
Raguel, der bei Beziehungsproblemen hilft.

Blau (dunkelblau)
Zadkiel, der Erzengel, der uns bei der Verbesserung unserer Erinnerung und Denkfähigkeit hilft.

Grün (**strahlendes Smaragdgrün**)
Raphael, der heilende Erzengel.

Grün (**hellgrün**)
Chamuel, der Erzengel des Friedens, der uns hilft, das zu finden, wonach wir suchen.

Grün, durchsetzt mit Dunkelrosa
Metatron, der Kindern hilft, ihre spirituellen Fähigkeiten und ihre Selbstachtung aufrecht zu halten.

Rosa (**strahlendes Fuchsienrosa**)
Jophiel, die uns hilft, unsere Gedanken und unser Leben schöner zu gestalten.

Rosa (**hellrosa**)
Ariel, die bezüglich Tieren, Natur und Manifestation hilft.

Purpur (**strahlend, beinahe Kobaltblau**)
Michael, der uns Mut und Schutz verleiht.

Regenbogenfarben
Raziel, der spirituelle und psychische/seelische Blockaden heilt und uns esoterische Geheimnisse offenbart.

Türkis
Sandalphon, der musikalische Erzengel.

Lila (rötliches Purpur)
Jeremiel, der uns bei der Heilung unserer Emotionen hilft.

Gelb (hellgelb)
Uriel, der Erzengel der Weisheit.

Gelb (dunkelgelb)
Gabriel, der Boten und Eltern hilft.

Zahlen der Engel

Eine andere häufig verwendete Methode, wie die Engel zu uns sprechen, sind Zahlenfolgen. Haben Sie jemals bemerkt, dass Sie beim Betrachten einer Uhr, eines Nummernschildes oder einer Telefonnummer feststellten, dass Sie dieselben Zahlen immer wieder sahen? Dies ist kein Zufall, sondern vielmehr eine Botschaft des Himmels.

Spätestens seit der Zeit von Pythagoras (dem berühmten griechischen Philosophen) ist der Menschheit bekannt, dass Zahlen eine starke Schwingung besitzen. Die Funktionsfähigkeit von Musikinstrumenten und Computern basiert auf mathematischen Formeln, und die Zahlenbotschaften der Engel sind genauso präzise.

Die grundlegenden Bedeutungen der jeweiligen Zahlen, die Sie sehen, ist wie folgt:

0: Dies ist eine Botschaft der Liebe von unserem Schöpfer.

1: Achten Sie auf Ihre Gedanken und denken Sie nur an Ihre Wünsche anstatt an Ihre Ängste, da Sie das anziehen werden, was Sie denken.

2: Behalten Sie Ihren Glauben und Ihr Vertrauen bei und geben Sie die Hoffnung nicht auf.

3: Jesus oder andere aufgestiegene Meister sind an Ihrer Seite und helfen Ihnen.

4: Die Engel helfen Ihnen in dieser Situation.

5: Eine positive Veränderung steht Ihnen bevor.

6: Überlassen Sie jegliche Ängste bezüglich der physischen/materiellen Welt Gott und den Engeln. Bringen Sie Ihre Gedanken über das Materielle und Spirituelle ins Gleichgewicht.

7: Sie sind auf dem richtigen Weg, also machen Sie weiter!

8: Bald wird Ihnen große Fülle zuteil.

9: Gehen Sie ohne Zögern an die Erfüllung Ihrer Lebensaufgabe.

Wenn Sie eine Zahlenkombination sehen, zählen Sie einfach die oben aufgeführten Bedeutungen zusammen. Wenn Sie zum Beispiel 428 sehen, würde dies bedeuten: »Die Engel sind bei Ihnen, also halten Sie Ihren Glauben aufrecht, da Ihnen große Fülle unmittelbar bevorsteht.«
(Siehe auch mein Buch *Die Zahlen der Engel* für nähere Informationen zu diesem Thema).

Die Engel sprechen auf vielfältige und kreative Weise zu uns; wenn Sie also das Gefühl haben, eine Botschaft der Engel zu erhalten, dann ist das wahrscheinlich richtig. Bitten Sie Ihre Engel, Ihnen zu helfen, ihre Zeichen und Botschaften zu erkennen, und Sie werden anfangen, sie überall in Ihrer Umgebung wahrzunehmen. Je mehr Sie auf diese Zeichen achten und ihnen folgen, desto mehr Vertrauen werden Sie sowohl in die Engel als auch in sich selbst entwickeln.

VIERTES KAPITEL

SCHUTZ DER ENGEL

Es ist eine gute Idee, beim Autofahren sowohl Ihre Schutzengel als auch Erzengel Michael anzurufen. Darüber hinaus empfehle ich Ihnen, sich vorzustellen, wie Ihr Auto von weißem Licht umgeben ist, der energetischen Essenz der Engel. Wenn der Verkehr besonders dicht ist, bitten Sie die Engel, auch die anderen Autos in Ihrer Nähe zu beschützen.

Die Engel werden Ihre Lieben beschützen, wenn diese mit dem Auto unterwegs sind, auch wenn Sie selbst nicht dabei sind. Bitten Sie einfach die Engel um jedwede besondere Hilfe, die Ihnen vorschwebt, und sie werden diese Aufgabe mit Freuden durchführen.

Bevor Sie sich ins Auto setzen, bitten Sie die Engel, über Sie und die anderen Autofahrer zu wachen, jeden zu beschützen und für eine sichere und angenehme Fahrt zu sorgen. Sollten Sie diese Vorsichtsmaßnahme vergessen, können Sie die Engel auch jederzeit während der

Fahrt darum bitten. Ich habe sogar schon mit Leuten gesprochen, die mitten in einem Unfall die Engel um Hilfe gerufen haben, mit wunderbaren Resultaten.

Da die Engel oberhalb und jenseits der physischen Welt existieren, können sie auf mysteriöse Weise intervenieren, wie die nächste Geschichte zeigt:

Doris fuhr mit einer Geschwindigkeit von ca. 80 Km/h über eine lange Brücke, als plötzlich ihre Kühlerhaube aufsprang und ihr komplett die Sicht nahm. Sie spürte, wie der Wagen nach links schleuderte und nur wenige Zentimeter vor dem Brückengeländer zum Halten kam. Andere Autofahrer hielten an, um Doris zu helfen, und alle fragten, ob sie in Ordnung sei. Dann fragten sie, wie es ihrem Beifahrer ginge.

Doris erklärte, dass sie keinen Beifahrer habe und alleine im Auto sei. Die zwölf Personen, die den Unfall beobachtet hatten, sagten jedoch übereinstimmend, dass sie eine andere Person auf dem Beifahrersitz gesehen hätten. Sie nahmen an, dass Doris von dem Unfall geschockt war, und suchten nach dem Beifahrer.

Verblüfft dachte Doris: *War es vielleicht mein Schutzengel? Mein Wagen schien einfach in die Luft gehoben und dann wieder abgesetzt worden zu sein, ohne einen einzigen Kratzer und ohne dass ich verletzt wurde.*

Die Geschichte von Doris ist deswegen so faszinierend, weil zwölf Personen unabhängig voneinander berichteten, sie hätten eine Person auf dem Beifahrersitz gesehen – jemand, zu dem Schluss kam Doris, der ihr Schutzengel gewesen sein musste.

Mir sind viele Geschichten dieser Art geschickt worden von Menschen, die berichten, dass ihre Autos die Gesetze der Schwerkraft auf unerklärliche Weise außer Kraft gesetzt haben. Nachdem ich zahlreiche Berichte dieser Art gehört habe, glaube ich, dass die einzige Erklärung darin besteht, dass die Engel in der Lage sind, Autos bei einem drohenden Unfall aus der Gefahrenzone zu holen:

Estelliane war im strömenden Regen mit dem Auto unterwegs, als ein Lastwagen ihre Beifahrerseite rammte. Sie warf einen kurzen Blick auf den silbernen Engel, der an ihrem Rückspiegel hing, und sprach ein Gebet. Plötzlich fühlte Estelliane, wie ihr Wagen in die Luft gehoben und sanft auf dem Seitenstreifen abgesetzt wurde. Erstaunlicherweise erlitten Estelliane und ihr Beifahrer keine Verletzungen, und sie waren sogar in der Lage, weiterzufahren.

Sie sagt dazu: »Der Wagen tat etwas, das aufgrund der Gesetze der Dynamik physisch nicht möglich ist. Der Laster fuhr seitwärts in mich hinein, also hätte der Wagen sich nach vorne drehen und auf das vor mir fahrende Auto prallen müssen. Der kleine Engel an meinem Rückspiegel ist seither verschwunden, aber ich weiß, dass meine Schutzengel, die mich an jenem Tag beschützt haben, immer bei mir sind.«

Zuweilen schützen uns die Engel vor Unfällen, indem sie dafür sorgen, dass unser Fahrzeug nicht anspringt. Ich habe viele Geschichten über Automotoren gehört, die plötzlich genau in dem Moment abstarben, wo ein Unfall drohte:

Donna stand an einer Doppelkreuzung und wartete darauf, losfahren zu können. Als die Ampel auf Grün sprang, fühlte sie eine Macht, die ihren Fuß vom Gaspedal wegdrückte. Im nächsten Moment starb der Motor ab. In diesem Augenblick raste ein Schwertransporter bei Rot über die Kreuzung. Wäre Donna losgefahren, wäre sie von dem Laster beiseitegefegt worden. Donna sagt: »Ich wusste, dass die Macht, die meinen Fuß vom Gaspedal weggedrückt hatte, ein Engel war. Ich war geschockt, aber dankbar.«

Die Engel können den Motor unseres Wagens vorübergehend absterben lassen, um uns vor Unfällen zu bewahren. Im nächsten Fall haben die Engel ein Auto ganz plötzlich fahruntüchtig gemacht, während der Besitzer seinen Rausch ausschlief:

Kathryn war wütend, weil ihr Freund Ben darauf bestand zu fahren, obwohl er den ganzen Tag über Alkohol getrunken hatte. Als sie sich ins Auto setzten, um die neunzig Meilen nach Hause zu fahren, betete Kathryn im Stillen um Schutz. Daher war sie dankbar, als der Motor in dem Moment, wo Ben den Schlüssel ins Zündschloss steckte, nicht anspringen wollte. Der Anlasser gab genau in dem Augenblick den Geist auf, als Kathryn betete, was bewirkte, dass Ben nicht fahren konnte.

Ich habe außerdem viele Briefe von Personen erhalten, die davon berichten, wie unsichtbare Hände ihnen geholfen haben. Die Hände stoßen sie aus der Gefahrenzone, halten sie fest, während ein Auto durch die Luft geschleudert wird, oder übernehmen das Steuer:

Jacqueline hatte nach einer scharfen 180°-Kurve die Kontrolle über ihren Wagen verloren. Ihr Auto kam ins Schleudern, und es sah so aus, als würde es sich im nächsten Moment überschlagen. Während sie verzweifelt versuchte, den Wagen durch Gegensteuern wieder unter Kontrolle zu bringen, sagte eine Stimme zu Jacqueline: »Lass das Steuer los!«

Jacqueline dachte: *Ich werde irgendwo gegen etwas krachen, wenn ich das Steuer loslasse*, doch die Stimme wiederholte ihren klaren, jedoch liebevollen Befehl. Also gab Jacqueline nach und nahm ihre Hände vom Steuer. Zehn Sekunden später hörte der Wagen wundersamerweise auf zu schleudern und kam am Straßenrand zum Stehen.

Sie sagt dazu: »Es war, als hätte jemand die Kontrolle übernommen und den Wagen an meiner Stelle gefahren. Es herrschte reger Verkehr, aber während der ganzen Zeit, wo mein Wagen hin- und hergeschleudert wurde, überholte mich niemand. Mir war klar, dass mein Engel all die anderen Autos zurückgehalten hatte, damit keiner von uns zu Schaden kam.«

Pannenhilfe

Engel beschützen uns nicht nur vor Unfällen, sie helfen uns auch unterwegs, wenn wir eine Panne haben. Ich bekomme immer wieder Geschichten von Personen zugeschickt, die dank der Engel in der Lage waren, viele Meilen mit einem leeren Tank oder platten Reifen zu fahren. Außerdem höre ich immer wieder, dass die Engel Menschen geholfen haben, einen Termin einzuhalten oder rechtzeitig zum Flughafen zu kommen, ohne rasen zu müssen, selbst wenn die Zeit knapp war. Engel können Verkehrsampeln auf Grün schalten und Ihnen wunderbare Parkplätze freihalten ... Sie müssen sie nur darum bitten!

Brenda fuhr eines späten Abends im strömenden Regen nach Hause. Sie konnte kaum das Licht ihrer eigenen Scheinwerfer erkennen, und schon gar nicht die Straße. Brenda war besorgt um ihre Sicherheit, konnte jedoch nicht gut genug sehen, um an den Straßenrand zu fahren und dort zu warten, bis der Regen nachlassen würde. Mit lauter Stimme flehte sie die Engel an, ihr genügend Licht zu geben, damit sie sicher nach Hause gelangen konnte.

Brenda berichtet, was als Nächstes geschah: »Plötzlich sah ich ein strahlendes Licht, das vom Himmel herabschien.« Obwohl der Regen weiter niederprasselte, leuchtete das Licht ihr den Weg, und sie konnte problemlos weiterfahren. Nach ungefähr dreißig Minuten begann das Licht schwächer zu werden. Daher bat Brenda die Engel erneut um mehr Licht.

Sie sagt: »Wie eine sofortige Antwort kam das strahlende Licht umgehend zurück. Es leuchtete so lange, bis der Regen schließlich nachließ und ich es nicht mehr brauchte.« Den restlichen Weg nach Hause bedankte sich Brenda unentwegt bei den Engeln.

Dieses Erlebnis motivierte Brenda, die Engel noch mehr in ihr Leben zu integrieren.

Die Engel können dafür sorgen, dass Ihr Auto fahren kann, selbst wenn es eigentlich unmöglich scheint, wenn beispielsweise der Tank leer ist, ein Reifen platt ist oder der Wagen technische Probleme hat. Natürlich würden die Engel Sie nie auffordern, unter gefährlichen Voraussetzungen loszufahren. Sie werden entweder Ihr Auto für Sie reparieren oder Sie zu einer Tankstelle führen oder zu einem netten Mechaniker, der Ihnen helfen kann:

Barbara fuhr auf einer eisbedeckten Straße, als ein anderer Wagen ins Schleudern geriet und ihr in die Seite fuhr. Nachdem sie den Polizeibericht ausgefüllt hatte, sprach sie ein Dankgebet dafür, dass sie unverletzt geblieben war, und bat die Engel, ihr zu helfen, ihren Wagen zu einer Werkstatt zu bringen, die sie kannte und die zuverlässig war.

Barbara erinnert sich: »Als ich bei der Werkstatt ankam, starb der Motor ab. Der Mechaniker untersuchte den Wagen, schaute mich erstaunt an und sagte, er könne sich nicht erklären, wie es mir gelungen war, ihn überhaupt von der Stelle zu bringen. Doch ich wusste, dass es die Antwort der Engel auf meine Bitte um Hilfe gewesen war.«

Die Hilfe der Engel beim Fliegen

Mein Mann Steven und ich reisen um die ganze Welt und geben Seminare, und ich verlasse mich auf die Engel, sich um alle Details unserer Reisevorkehrungen zu kümmern, von Anfang bis Ende.

Wenn Sie eine Flugreise planen, können Sie Ihre Engel bitten, sich um folgende Punkte zu kümmern:

- Ihnen zu helfen, einen besonders netten, liebenswerten, freundlichen und kompetenten Vermittler zu finden, wenn Sie eine Fluggesellschaft oder ein Reisebüro anrufen, um einen Flug zu buchen.
- Sie anzuleiten, was Sie für die Reise packen sollen (*kleiner Tipp aus persönlicher Erfahrung*: Falls die Engel Ihnen raten, einen Schirm oder sonstige Gegenstände mitzunehmen, folgen Sie dieser Aufforderung, selbst wenn Sie denken, sie entbehre jeglicher Logik. Die Engel wissen es am besten).

- Für den Transfer zum Flughafen zu sorgen. Wenn Sie selbst fahren, können sie Ihnen helfen, einen guten Parkplatz in der Nähe des Terminals zu finden.
- Dafür zu sorgen, dass es vor dem Check-in-Schalter keine Warteschlange gibt und das Bodenpersonal freundlich und kompetent ist.
- Sie problemlos durch die Flughafenkontrolle zu schleusen, ohne durchsucht zu werden.
- Ihnen einen wunderbaren Sitzplatz und reizende Sitznachbarn zu sichern (oder den Sitz neben Ihnen frei zu halten!).
- Dafür Sorge zu tragen, dass die Maschine bestens gewartet und sicher ist.
- Dafür zu sorgen, dass das Flugzeug pünktlich startet und landet.
- Darauf zu achten, dass Sie und Ihr Gepäck den Anschlussflug nicht verpassen.
- Ihr Gepäck zu bewachen und dafür zu sorgen, dass Ihre Koffer als Erste auf dem Laufband liegen, genau in dem Moment, wo Sie ankommen, um sie in Empfang zu nehmen.
- Ihnen ein zuverlässiges Transportmittel zu Ihrem Hotel zu besorgen.
- Ihnen zu helfen, dass Sie bei der Ankunft im Hotel unverzüglich einchecken können.

- Bei der Hotelrezeption dafür zu sorgen, dass man Ihnen ein ruhiges und luxuriöseres Zimmer gibt.

Wenn beim Flug Turbulenzen auftreten, bitten Sie die Engel, die »Wogen zu glätten«. Hunderte Engel werden sich zusammentun und das Flugzeug auf ihren Rücken nehmen, was dazu führt, dass Sie auf einem Kissen aus Engeln fliegen werden. Durch Anwendung dieser Methoden haben Steven und ich schon seit Jahren die schönsten Erfahrungen beim Reisen gemacht.

Helens* Flughafenerlebnis ist eine meiner Lieblingsgeschichten. Sie ist eine weitere Erinnerung daran, dass Engel überall sind:

Es war das erste Mal, dass die sechzehnjährige Helen alleine mit dem Flugzeug reiste, daher beteten ihre Mutter und Großmutter inbrünstig um himmlischen Schutz für sie.

Helen flog von Pittsburgh nach Dallas, wo sie umsteigen musste, um ihr Ziel Los Angeles zu erreichen. Ein älterer Herr, der karierte Hosen trug und Helens Großvater verblüffend ähnlich sah, sprach sie auf dem Flughafen in Dallas an und wollte wissen, wie sie hieß und wohin ihre Reise ging. Normalerweise war Helen im Umgang mit Fremden vorsichtig, doch der Mann hatte etwas an sich, was Helen das Gefühl gab, ihm vertrauen zu können.

Da sie sehr aufgeregt und nervös war, weil sie zum ersten Mal allein mit dem Flugzeug unterwegs war, antwortete sie dem Mann bereitwillig auf seine Fragen. Eigenartigerweise schien er bereits alle Einzelheiten über sie zu wissen. Er sagte Helen, sie solle sich keine Sorgen machen, dass alles gut gehen und er später wieder mit ihr reden würde.

Helen stieg ins Flugzeug ein und vergaß den alten Herrn. Als sie in Los Angeles landete, war niemand da, um sie abzuholen, daher war sie sehr erschrocken und verwirrt. Während Helen auf ihren Vater wartete, saß plötzlich wieder der ältere Herr mit den karierten Hosen neben ihr! Das überraschte sie, da sie ihn im Flugzeug von Dallas nach Los Angeles nicht gesehen hatte.

Der Mann sagte: »Ich dachte mir, dass du noch hier bist. Ich werde einfach mit dir warten, bis dein Vater kommt, dann bist du nicht alleine.« Als ihr Vater schließlich kam, wollte Helen den Mann ihrem Vater vorstellen, doch als sie sich nach ihm umdrehte, war er verschwunden. Sie sagte ihrem Vater, dass sie eben noch mit einem Mann gesprochen hatte. Ihr Vater erwiderte: »Ich habe gesehen, dass du geredet hast, aber ich dachte, du führst Selbstgespräche.«

Ein paar Wochen später war Helen zurück in Pittsburg und beteiligte sich an einer Spendenaktion ihrer Kirche. Sie fühlte, wie ihr jemand sanft auf die Schulter klopfte, und als sie sich umdrehte, sah sie den älteren Herrn, der wie damals dieselbe karierte Hose trug und sie anlächelte. Er sagte: »Ich habe dir doch gesagt, dass alles gut gehen würde, und jetzt bist du sicher wieder zu Hause angekommen.« Hinterher stellte sie fest, dass niemand sonst den Mann gesehen hatte.

Helen rannte nach Hause und erzählte ihrer Großmutter die ganze Geschichte, die darauf erwiderte: »Ich habe darum gebetet, dass du einen Schutzengel hast, und mein Gebet ist erhört worden.«

Helen sagt: »Ich weiß, es hört sich unglaublich an, doch es stimmt. Ich habe niemals an der Existenz von Engeln gezweifelt, und jetzt, wo meine Großmutter im Himmel ist, fühle ich, dass auch sie dort unter meinen Engeln weilt.«

Schutz auf andere Art

Die Engel beschützen uns nicht nur, wenn wir reisen, sondern sie sorgen auch zu Hause, bei der Arbeit und in der Schule für unsere Sicherheit. Es ist eine gute Idee, vor dem Einschlafen Ihre Engel zu bitten, sich während der Nacht neben Ihre Fenster und Türen zu stellen. Sie werden besonders gut und ungestört schlafen in dem Wissen, dass Sie hundertprozentig beschützt sind.

Außerdem können Sie die Engel bitten, über Ihre Lieben zu wachen (selbst wenn sie sich an einem anderen Ort befinden):

Lassie bat die Engel und Erzengel Michael (den beschützenden Engel), über ihren Sonn Quinn zu wachen, als er seinen Militärdienst antrat. Als er 2003 nach Afghanistan abkommandiert wurde, waren Quinn und seine Kameraden gerade dabei, einen hohen Erdwall zu erklimmen, als er stürzte und sich das Bein verletzte. Aufgrund seiner Verletzung musste die Kompanie eine andere Route nehmen. Als sie an ihrem Posten ankamen, stellten sie fest, dass auf dem Erdhügel, auf dem Quinn ausgerutscht war, ein Überfallkommando auf ihn und seine Kameraden gewartet hatte. Wären sie weitergeklettert, wären sie wahrscheinlich alle getötet worden.

Zwei Jahre später fiel Quinn 20 Meter tief ohne Fallschirm aus einem Hubschrauber und landete auf seinem Rücken. Doch trug er lediglich einen Kratzer am Ellbogen davon.

Lassie sagt: »Oh ja, ich glaube an Engel, und ich weiß, dass sie meinem Sohn das Leben gerettet haben.«

Die Engel bewahren uns nicht nur vor Schaden, sondern bringen uns auch Frieden, indem sie unser Leben ein wenig leichter machen. Zum Beispiel indem sie uns helfen, verlorene Gegenstände oder sonstige Dinge zu finden, nach denen wir suchen, wie Sie im nächsten Kapitel lesen werden.

FÜNFTES KAPITEL

ENGEL HELFEN UNS ZU FINDEN, WONACH WIR SUCHEN

In den Augen Gottes ist nie etwas wirklich verloren, selbst wenn wir nicht wissen, wo sich der Gegenstand gerade befindet, Gott weiß es. Indem sie als Boten Gottes tätig sind, können die Engel Ihnen den verlorenen Gegenstand zurückbringen, ihn durch etwas Besseres ersetzen oder uns zu dem Ort führen, wo sich der Gegenstand befindet.

Erzengel Chamuel ist der oberste der »findenden Engel«, der uns hilft, verlorene Objekte aufzustöbern. Wenn Sie zum Beispiel Ihr Scheckheft, Ihre Schlüssel oder Sonnenbrille verlegt haben, rufen Sie Chamuel und die Engel um Hilfe. Manchmal werden die Engel Sie an die Stelle führen, wo der verlorene Gegenstand liegt. Andernfalls werden sie Ihnen den Gegenstand bringen und ihn an die Stelle zurücklegen, wo Sie zuvor bereits nachgeschaut, ihn aber nicht gesehen hatten, so, wie es Altaira erlebt hat:

Altaira saß eines Abends beim Sticken, als ihr die Nadel aus der Hand auf den Boden fiel. Sie suchte überall, konnte sie jedoch nicht finden. Da sie sich Sorgen machte, ihr Sohn oder ihre Katze könnten versehentlich in die Nadel treten und sich verletzen, bat sie die Engel, ihr bei der Suche zu helfen. Sie zog einen neuen Faden durch eine andere Nadel und verließ dann den Raum.

Als sie zurückkam, fand sie die erste Nadel direkt neben ihrem Stuhl auf dem Boden. Sie sagt: »Ich weiß, dass ich dort nachgeschaut hatte, denn ich bin sogar mit der Hand über den Teppich gefahren, um die Nadel zu ertasten.«

Noch bemerkenswerter ist die Tatsache, dass die zweite Nadel jetzt in einem Nadelkissen steckte, damit sie nicht herausfallen konnte – etwas, wovon Altaira genau wusste, dass sie es nicht getan hatte.

Viele Menschen haben mir berichtet, dass sie in der Lage gewesen waren, bereits vor langer Zeit verlorene Wertgegenstände zu finden, nachdem sie die Engel um Hilfe gebeten hatten. Ich habe zahllose Geschichten von Menschen gehört, die ihre Eheringe, Erbstücke und andere Wertsachen plötzlich wiedergefunden haben. Sophias Geschichte ist in diesem Zusammenhang besonders eindrucksvoll:

Sophia hütete ihren Mondstein und die silbernen Ohrringe ganz besonders, vor allem da sie diese Schmuckstücke bei schönen Anlässen mit ihrem Sohn und anderen Familienangehörigen getragen hatte. Daher war sie sehr traurig, als sie vom Einkaufen zurückkam und feststellte, dass einer der Ohrringe, die sie getragen hatte, fehlte.

Sie suchte gründlich ihre Haare ab, ob er sich vielleicht darin verfangen hatte, schaute in ihren Kleidern, in ihrer Handtasche und in ihrem Auto nach. Sie machte sich Sorgen, dass der Ohrring vielleicht im Geschäft oder auf dem Parkplatz heruntergefallen war.

Sophia sagte zu ihren Engeln: »Bitte helft dem Ohrring, seinen Weg zurück zu mir zu finden.« Sie wusste nicht, wie das gehen sollte, doch irgendetwas in ihrem Inneren sagte ihr, dass ihr Vertrauen belohnt werden würde.

Zwei Wochen später, nachdem Sophia in demselben Supermarkt eingekauft hatte, ging sie durch die Garage in ihren Garten, um die Blumen zu gießen. Da sah sie neben ihrem Auto etwas Silbernes blitzen. Es war ihr Ohrring, ein wenig verbogen, doch ansonsten unversehrt. Als sie sich bückte, um ihn aufzuheben, füllten sich ihre Augen mit Tränen der Dankbarkeit, und sie sagte laut: »Ich danke euch, liebe Engel!« Sophia sagt: »Wenn ich es vielleicht früher auch nicht tat, so glaube ich heute total daran, dass mit ein wenig Zuversicht und viel Hilfe von den Engeln alles möglich ist!«

Die Engel können nicht nur verlorene Gegenstände ausfindig machen, sie können auch ihre Rückgabe auf wundersame Weise veranlassen. Nachdem Sie die Engel gebeten haben, etwas zu Ihnen zurückzubringen, lassen Sie die Bitte los, und machen Sie sich keine weiteren Gedanken darüber, wie die Engel Ihrer Bitte nachkommen werden. Wenn Sie ein Gefühl oder einen Gedanken bekommen, sich an einen bestimmten Ort zu begeben oder etwas zu tun, dann sollten Sie dieser Führung nachgehen, da sie Sie vielleicht direkt zu dem erbetenen Gegenstand führen wird, wie Karen feststellen konnte:

Nach einem langen Arbeitstag freute sich Karen darauf, nach Hause zu kommen. Doch zunächst musste sie ein paar Rechnungen zur Post bringen und Schecks bei der Bank einwerfen. Also hielt sie auf ihrem Heimweg bei der Post und fuhr danach zur Bank. Doch als sie die Schecks einwerfen wollte, musste sie feststellen, dass sie nicht mehr da waren! Verzweifelt fragte Karen ihre Engel: »Wo können die Schecks sein?« Eine sanfte Stimme erwiderte: »Atme tief durch, lausche auf dein Herz, und du wirst es wissen.« Also nahm Karen drei tiefe Atemzüge und horchte in sich hinein.

Sofort hörte sie: »Du hast sie versehentlich zusammen mit den Briefen in den Briefkasten geworfen.« Karen wurde ganz mulmig zumute bei der Vorstellung, dass der Briefkasten mittlerweile schon geleert worden sein könnte und dass ihre Schecks weg waren.

Die Stimme sagte weiter: »Atme tief durch und höre auf dein Herz.« Sobald Karen diesem Rat folgte, waren ihre Ängste so weit beschwichtigt, dass sie die nächsten Anweisungen der Engel hören konnte: »Geh zum Postamt. Der Postbote hat sich verspätet und holt erst jetzt die Briefe ab. Er wird dir helfen, die Schecks zu finden.« Also lief Karen zurück zur Post, und tatsächlich war der Postbote gerade erst dabei, den Inhalt des Briefkastens in seinen Wagen zu laden.

Karen erklärte ihm die Situation, und der Mann antwortete ihr freundlich: »Machen Sie sich keine Sorgen, wir werden zusammen die Briefe durchsehen.« Es dauerte nicht lange, und sie hatten die Schecks gefunden. Als Karen ihren Engeln dankte, hörte sie sie sagen: »Wir danken dir, Karen, dass du auf uns gehört hast. Das war echte Teamarbeit!«

Die Engel können nicht nur verlorene Gegenstände finden, sondern Sie auch zu dem für Sie richtigen Job, einem schönen Zuhause, lieben Freunden oder allem anderen führen, was Sie brauchen:

Joannie aus Kalifornien war allein mit dem Auto nach Texas unterwegs, um ihre Mutter zu besuchen. Es wurde schon dunkel, daher beschloss Joannie, die Autobahn zu verlassen und ein Hotel für die Nacht zu finden. Doch in der ganzen gottverlassenen Umgebung schien es nur zwielichtige, wenig einladende Motels zu geben. Also sagte Joannie laut: »Okay, Engel, bitte helft mir, einen sicheren und angenehmen Ort für die Nacht zu finden.« Sie fühlte sich zu einer Ausfahrt hingeführt, wo sie ein neu erbautes Hotel erblickte. Die Lobby des Hotels war mit großzügigen Engelstatuen dekoriert, und die Rezeptionistin gab ihr ein besonders schönes Zimmer.

Die Engel können Ihnen bei allem helfen – vom scheinbar Trivialen bis zu Angelegenheiten, bei denen es um Leben und Tod geht. In den nächsten drei Kapiteln werden wir uns anschauen, auf welche Weise Sie mit Ihren Engeln arbeiten können, um Ihre zwischenmenschlichen Beziehungen, Ihr Berufsleben und Ihre Gesundheit zu verbessern und zu heilen.

SECHSTES KAPITEL

HILFE DER ENGEL BEI BEZIEHUNGSPROBLEMEN

Es ist leicht, inneren Frieden zu erleben, wenn Sie alleine in einem Zustand der Meditation sind. Doch echtes spirituelles Wachstum geschieht dadurch, dass wir lernen, unsere zwischenmenschlichen Beziehungen friedlich zu gestalten. Wie können Sie zentriert und liebevoll bleiben, wenn die Menschen in Ihrer Umgebung Sie herunterzuziehen scheinen? Auch hier halten die Engel sehr praktische und wirksame Hilfe bereit.

Als ehemalige Psychotherapeutin habe ich jahrzehntelang Beziehungen untersucht. Obgleich viele Arten von Therapie, die sich mit Beziehungsproblemen beschäftigen, sehr wirksam sind, habe ich festgestellt, dass die Arbeit der Engel in diesem Bereich bei weitem alles übertrifft, was Menschen erreichen können, wenn es darum geht, Beziehungen zu manifestieren und zu heilen. Ob es sich also um eine Liebesbeziehung,

Beziehungen innerhalb einer Familie, zwischen Eltern und Kind oder um Freundschaften handelt, in jedem Fall sind Sie gut beraten, im Team mit den Engeln zusammenzuarbeiten.

Ihr Liebesleben

Die Engel können Ihnen bei Ihrem Liebesleben helfen, egal ob Sie in einer festen Beziehung leben oder Single sind. Wenn Sie Ihren Seelengefährten suchen, können Ihnen die »Liebes-Engel« helfen, diesen besonderen Menschen zu finden.

> Eine machtvolle Methode, die Hilfe der Engel anzurufen, besteht darin, einen ruhigen Ort zu finden, wo Sie ungestört sind, und einen Brief zu schreiben, der mit folgenden Worten beginnt:
>
> *Liebe Schutzengel meines Seelengefährten ...*
> Dann fahren Sie fort und schütten diesen Engeln Ihr Herz aus. Es spielt keine Rolle, ob Sie wissen, wer Ihr Seelengefährte ist, denn die Engel wissen es. Dann beenden Sie den Brief, indem Sie zum Beispiel Folgendes sagen:

Ich weiß, dass mein Seelengefährte mit der gleichen Intensität nach mir sucht wie ich nach ihm/ihr. Ich danke euch, dass ihr uns führt, damit wir uns begegnen, lieben und eine glückliche, harmonische Beziehung führen können, basierend auf gegenseitigem Respekt, Integrität, gemeinsamen Interessen und innigen Gefühlen. Danke, dass ihr mich auf eine Weise führt, die ich leicht verstehen kann, so dass ich diese Beziehung jetzt erleben kann.

Mehrere mir bekannte Paare haben sich bei meinen Seminaren kennengelernt, und ihre Beziehungen sind als Resultat der gemeinsam angestrebten Zusammenarbeit mit den Engeln aufs Wunderbarste erblüht. Normalerweise bitte ich auf meinen Seminaren die Teilnehmer, die einen Seelengefährten suchen, die Hand zu heben und sich dann im Saal umzuschauen, wer sonst noch seine Hand gehoben hat. Dann rufe ich eine Gruppe von Engeln an, die als »Liebes-Engel« bekannt sind – puttengleiche Cherubim, die uns helfen, unsere spielerische Freude am Leben wiederzuentdecken. Aufgrund der Hilfe dieser Engel und meiner Aufforderung, die Hand zu heben, sind heute fünf der Paare, die sich bei meinen Seminaren zum ersten Mal begegnet sind, verheiratet.

Die »Liebes-Engel« können darüber hinaus neue Leidenschaft in bereits existierende Beziehungen bringen. Bitten Sie sie, Ihnen und Ihrem Partner zu helfen, Ihre spielerische Seite wiederzuentdecken, die ein wichtiger Bestandteil der Liebe ist. Die Engel sagen, dass viele Paare sich im Laufe der Zeit zu sehr auf ihre Arbeit und Pflichten konzentrieren und dass sie sich mehr Zeit für einen lustigen und liebevollen Austausch nehmen sollten. Die »Liebes-Engel« können Ihnen helfen, Zeit für dieses wichtige Bemühen freizumachen, und Ihnen außerdem die Energie geben, sie auch wirklich durchzuführen.

Beziehungen zu Freunden

Wenn wir uns für einen bestimmten spirituellen Weg entscheiden – wie zum Beispiel die Arbeit mit den Engeln – kann es passieren, dass unsere Beziehungen sich verändern. Wenn Sie eine Freundschaft haben, die begann, als Sie stark auf die materielle Welt ausgerichtet waren, fühlen Sie jetzt vielleicht, wie Sie sich von dem Freund/der Freundin distanzieren, während Ihr Blickwinkel mehr auf die spirituelle Seite des Lebens ausgerichtet ist. Zum einen kann es sein, dass sich Ihre Interessen verlagert haben. Zum anderen besagt das Gesetz der Anziehung, dass wir uns zu Personen hingezogen fühlen, die sich mit uns auf der gleichen Wellenlänge befinden. Daher ist es wahrscheinlich, dass jemand, der auf Liebe und Frieden ausgerichtet ist, sich nicht zu jemandem hingezogen fühlt, dessen Fokus Angst ist.

Bitten Sie Ihre Engel, Sie durch Zeiten der Veränderung in Ihren Beziehungen zu begleiten. Bitten Sie sie, alle Beziehungen, die nicht mehr sinnvoll sind, zu einem friedlichen Ende zu bringen. Zudem können die Engel Ihnen auch wunderbare neue Freunde verschaffen – Sie müssen sie nur darum bitten.

Beziehungen zu Familienmitgliedern

Auf die gleiche Weise können sich die Interaktionen mit Mitgliedern Ihrer Familie ändern, wenn Sie Ihren Blickwinkel verstärkt auf das Spirituelle ausrichten. Falls Sie aus einer traditionsbewussten Familie kommen, kann es sein, dass man sich zunächst Sorgen wegen Ihrer Spiritualität macht. Versuchen Sie nicht, irgendjemanden zu überzeugen oder zu Ihrer neuen Anschauung zu bekehren. Die beste Möglichkeit, mit einer derartigen Situation umzugehen, besteht darin, innerlich friedvoll und glücklich zu sein. Auf diese Weise werden Sie zu einem lebenden Beispiel für die Vorteile eines Lebens mit spiritueller Ausrichtung. Indem die Menschen in Ihrer Umgebung Ihren inneren Frieden spüren, werden sie bald das Geheimnis Ihres Glücks wissen wollen.

Die Engel helfen uns, Zorn und Ablehnung loszulassen, um auf diese Weise einen Weg zu innerem Frieden zu finden. Die meisten von uns haben in ihren Beziehungen mit Familienmitgliedern, Freunden und Geliebten Schmerz erfahren. Die Engel sorgen dafür, dass der Schmerz unsere gegenwärtige und zukünftige Gesundheit und unsere Zufriedenheit nicht zerstört.

Wenn jemand etwas getan hat, das Ihrem Gefühl nach unverzeihlich ist, werden die Engel Sie nicht auffordern, Ihre Meinung zu ändern und zu sagen: »Was er/sie getan hat, ist okay.« Stattdessen möchten die Engel, dass Sie den vergiftenden Zorn in Ihrem Herzen und Körper loslassen. Wenn wir verbittert sind und uns mit einem Panzer umgeben, ziehen wir ähnlich geartete Menschen, Beziehungen und Situationen an.

Wenn Sie immer wieder ungesunden Beziehungsmustern verfallen, liegt der Grund dafür wahrscheinlich darin, dass Sie einem Familienmitglied nicht vergeben können. Das Wort *Vergebung* ist ein Synonym für »Giftstoffe loslassen« und diese durch Gesundheit und Frieden zu ersetzen. Engel können Ihnen dabei helfen, wenn Sie sie darum bitten.

Eine sehr wirksame Methode, emotionale Toxine loszulassen, besteht darin, die Erzengel Michael und Jeremiel anzurufen, bevor Sie abends einschlafen. Der Grund hierfür ist, dass Sie während des Schlafens offener sind für die Intervention der Engel. Im Wachzustand kann es sein, dass die Angst Ihres Egos die Hilfe der Engel blockiert. Sagen Sie den Erzengeln entweder innerlich oder mit lauter Stimme:

»Ich bitte euch, jeglichen alten Zorn, Schmerz, Widerstand, Verurteilung, Bitterkeit oder Vergebungsunfähigkeit aus meinem Herzen, meinem Körper und meinen Gefühlen zu entfernen. Ich bin bereit, Schmerz gegen Frieden einzutauschen. Ich überlasse euch jetzt alles, was meine Wahrnehmung von Frieden, vor allem in meinen Beziehungen, blockieren könnte.«

Wenn Sie am Morgen aufwachen, werden Sie eine positive Veränderung bemerken. Es spielt keine Rolle, ob Sie sich an Ihre Traum-Interaktionen mit den Erzengeln erinnern können oder nicht, da ihre Arbeit auf der Ebene des Unterbewusstseins stattfindet.

Die Engel können alte Streitigkeiten mit Personen klären, egal ob diese noch leben oder schon gestorben sind. Diese Heilungen bedeuten nicht, dass Sie Ihre Beziehung mit der betreffenden Person erneuern müssen. Die Intention besteht darin, für Sie beide den Weg freizumachen, damit Sie in allen Bereichen Ihres Lebens Liebe, Frieden und Harmonie empfinden können.

Kinder

Dutzende von Eltern haben mir berichtet, dass sie endlich in der Lage waren, ein Baby zu adoptieren oder ein Kind zu empfangen, nachdem sie um die Hilfe der Engel gebeten hatten. Marys Geschichte ist ein typisches Beispiel dafür:

Mary und ihr Ehemann waren enttäuscht darüber, wie lange sie warten mussten, bis ihr Antrag auf eine Adoption bearbeitet worden war und sie ein Kind mit nach Hause nehmen konnten. Doch sie gaben die Hoffnung nicht auf. Eines Morgens, als Mary auf dem Weg zur Arbeit war, fiel ihr Blick auf ein original verpacktes Päckchen, in dem sich eine Engelsbrosche befand und das in der Nähe ihres Wagens auf der Straße lag. Sie fragte sich, was eine Engelsbrosche bei der Baufirma zu suchen hatte, bei der sie als einzige weibliche Angestellte tätig war. Sie befestigte den Engel an ihrer Tasche und hoffte, dass es ein positives Zeichen war. Am gleichen Abend bat Mary die Engel um ihre Hilfe bei der Adoption. Am nächsten Morgen rief die Adoptionsagentur an und teilte ihr die lang ersehnte Nachricht mit, dass sie ein Kind für Mary und ihren Mann gefunden hatten. Sie holten ihren Sohn, John, der gerade seinen fünften Geburtstag gefeiert hatte, schon am nächsten Tag nach Hause.

Sobald ein adoptiertes Kind in sein neues Elternhaus gekommen ist, bieten die Engel auch weiterhin ihre Unterstützung an. Gabriel und Metatron sind die beiden Erzengel, die auf Kinderthemen spezialisiert sind. Gabriel kümmert sich um den frühen Teil der Kindheit, von der Schwangerschaft über die Geburt bis zum Krabbelalter. Wenn das Kind heranwächst, übernimmt Metatron als strenger, jedoch liebevoller Hüter die Aufsicht. Seine Hauptaufgabe besteht darin, die spirituelle Natur des Kindes zu entwickeln und zu schützen.

Eltern können Gabriel und Metatron für zusätzliche Hilfe bei Verhaltensstörungen ihrer Kinder herbeirufen.

Für Probleme mit der Gesundheit und Ernährung wenden Sie sich am besten an Erzengel Raphael. Bei allen ernsthaften Verhaltensstörungen, wie zum Beispiel Drogenkonsum oder aggressiven Tendenzen, bitten Sie Erzengel Michael um Hilfe. Viele dieser Schwierigkeiten treten auf, wenn hochsensible Jugendliche unbewusst negative Energie aus ihrem Umfeld aufnehmen. Bitten Sie Michael, Ihr Kind »staubzusaugen« – ein Begriff, den die Engel benutzen, um den Vorgang zu beschreiben, mit dem sie einen Menschen von diesen niederen Energien befreien. Ich habe oft erlebt, wie sich das Verhalten einer Person als Ergebnis von Michaels »Staubsaugen« um 180 Grad veränderte – ein Resultat, das die psychotherapeutischen Methoden, die ich in meinem Medizinstudium und während meiner klinischen Ausbildung gelernt habe, bei weitem übertrifft.

Vielleicht ist es die reine Liebe der Engel, oder vielleicht ist es die Tatsache, dass sie von irdischen Sorgen und Ängsten völlig frei sind. Was immer es auch sein mag, was das Wunder eintreten lässt – fest steht, dass ich viele Wunder gesehen und von ihnen gehört habe, bei denen es darum ging, dass Engel Kindern ihre Hilfe zuteil werden ließen. Die folgende Geschichte, die ich bereits in meinem Buch *Das Praxisbuch für Indigo-Eltern* erwähnt habe, ist ein Beispiel dafür:

Eine Frau namens Josie kam bei einem meiner Seminare mit ausgestreckten Armen und Tränen in den Augen auf mich zu mit dem

Wunsch, mich zu umarmen. Sie erklärte, dass sie nach der Lektüre meines Buches über die Zusammenarbeit mit den Engeln bei ihrem dreizehnjährigen Sohn Chris himmlische Intervention erfahren habe.

»Bevor ich mit den Engeln zu arbeiten begann, war Chris vollkommen außer Kontrolle«, berichtete Josie mir. »Er kam nicht rechtzeitig nach Hause, und er nahm Drogen. Seine schulischen Leistungen waren miserabel. Dann brachte meine Tante mir eines Ihrer Bücher mit, und ich las, wie ich mit Chris' Engeln sprechen konnte. Ich habe damals nicht wirklich an Engel geglaubt und gedacht, sie wären so etwas Ähnliches wie der Weihnachtsmann: ein Mythos. Doch hatte ich den verzweifelten Wunsch, meinem Sohn zu helfen, also versuchte ich es.

Innerlich sprach ich mit Chris' Schutzengeln, wenn ich mir auch nicht sicher war, ob ich es richtig machte. Ich war mir nicht einmal sicher, dass er Engel hatte, bei dem höllischen Verhalten, das er an den Tag legte! Doch fast sofort sah ich die ersten Resultate. Von da an sprach ich jeden Abend mit seinen Engeln.«

Ich fragte Josie, wie es Chris heute gehe.

»Es geht ihm wunderbar!«, strahlte sie. »Er ist glücklich, nimmt keine Drogen mehr, und auch in der Schule läuft alles bestens.«

Heilung von Beziehungsproblemen mit Hilfe der Engel

Sie können Missverständnisse aus der Welt schaffen, indem Sie mit den Schutzengeln der anderen Person reden. Obgleich die Engel sich nicht über den freien Willen eines Menschen hinwegsetzen können, werden sie in jeder Situation intervenieren, die Ihren inneren Frieden stört – einschließlich Beziehungsproblemen.

Sollten Sie sich in einer solchen Situation befinden, schließen Sie die Augen und zentrieren Sie sich mittels Ihres Atems. Dann fassen Sie die Intention, mit den Schutzengeln der anderen Person zu sprechen. Dabei können Sie keinen Fehler machen, da die bloße Absicht wichtiger ist als die Methode, die Sie anwenden.

Dann schütten Sie den Engeln des Betreffenden Ihr Herz aus (entweder innerlich, in einem Brief oder mit lauter Stimme). Erzählen Sie ihnen von Ihren Ängsten, Enttäuschungen und Wünschen. Als Nächstes bitten Sie die Engel, Frieden in die Beziehung zu bringen. Sagen Sie den Engeln nicht, wie sie dabei vorgehen sollen, sonst kann es sein, dass Sie die Antwort auf Ihr Gebet verzögern oder übersehen. Erlauben Sie der unendlich kreativen Weisheit Gottes, mit einer genialen Lösung aufzuwarten, die jeden an der Situation Beteiligten begeistern wird.

Haben Sie sich jemals gewünscht, in die Vergangenheit zurückzugehen und etwas zurückzunehmen, das Sie gesagt haben, oder anders mit einer Situation umzugehen? Nun, die Engel können Ihnen mittels eines Vorganges, der »Ungeschehenmachen« genannt wird, bei diesem Wunsch helfen. Denken Sie an die Handlungen oder Worte, die Sie gerne neu formulieren würden, und sagen Sie den Engeln:

»Ich bitte darum, dass alle Auswirkungen dieses Fehlers in alle Richtungen der Zeit für alle an der Situation beteiligten Personen ungeschehen gemacht werden.«

Die Methode hat oft zur Folge, dass die an der Situation beteiligten Personen vergessen, was passiert ist, so als sei es nie geschehen. Das Ganze gibt dem Satz »Vergeben und vergessen« eine völlig neue Bedeutung.

Die Engel sagen, dass der Grund, warum ein anderer Mensch uns auf die Nerven geht oder wütend macht, darin besteht, dass wir in dem

Betreffenden etwas sehen, das wir an uns selbst nicht mögen. Mit anderen Worten, wir projizieren unsere egobezogenen Probleme, derer wir uns nicht bewusst sind oder die wir nicht zugeben wollen, auf die andere Person. Jeder hat Probleme mit seinem Ego; es ist also nicht etwas, dessen Sie sich schämen müssten. Vielmehr ist es sogar so, dass Projektionen ein wunderbares Werkzeug sind, das uns hilft, unsere eigenen Egoprobleme zu erkennen, damit wir an ihnen arbeiten können.

Die Engel empfehlen uns, in dem Moment, wo wir uns über jemanden ärgern, zu sagen:

> *»Ich bin bereit, jenen Teil von mir loszulassen, der mich stört, wenn ich an dich denke.«*

Dies bedeutet nicht, dass Ihre eigenen Handlungen den Handlungen der Person ähneln, die Sie nervt. Es bedeutet einfach, dass irgendein Schatten in Ihrem Inneren den Schatten in der anderen Person erkennt.

Wenn wir diesen Projektionsprozess als wahr anerkennen und die oben genannten Affirmationen der Engel benutzen, sind wir in der Lage, eine höhere Perspektive zu erlangen. Dann können wir uns selbst und andere Menschen mit den Augen der Engel sehen.

Die Engel sehen jenseits der oberflächlichen Persönlichkeiten und Egoprobleme der Menschen. Stattdessen fokussieren sie sich auf das Licht und die Liebe im Herzen eines jeden Menschen, unabhängig von Äußerlichkeiten. Je mehr wir das Gute in anderen sehen, desto mehr können wir es in uns selbst sehen.

Die Engel sagen, dass jede Beziehung einem höheren Zweck dient, selbst kurzfristige. Wenn der Zweck der Beziehung erfüllt ist, verringert sich die Anziehungskraft zwischen den beiden Menschen. Dies ist einer der Gründe, warum Beziehungen manchmal enden.

Die Engel können uns helfen, Beziehungen auf eine gute Art zu beenden. Dazu gehörten die Fähigkeit, schwierige Entscheidungen zu treffen, wenn es darum geht, den Partner zu verlassen; der notwendige Mut und die Kraft, um eine Trennung zu ertragen; die Versorgung aller Beteiligten; und Hilfe bei unserer Heilung.

Als Annettes Mann sie und ihre beiden kleinen Söhne verließ, war sie emotional und finanziell völlig am Ende. Beinahe symbolisch dafür, wie hilflos sie sich fühlte, war die Tatsache, dass ihr Kinderwagen im Kofferraum ihres heruntergekommenen alten Wagens war, der sich nicht mehr öffnen ließ, und sie ihren jüngsten Sohn daher überallhintragen musste. Nach sechs schier unerträglichen Monaten beschloss sie endlich, die Engel um Hilfe zu bitten. Ganz besonders wandte sich Annette an Erzengel Michael, mit dem sie schon zuvor gute Erfahrungen gemacht hatte.

Annette fühlte sich angeleitet, ihren Schmerz und ihre Wut gegenüber ihrem Exmann loszulassen, indem sie ihm einen aus tiefstem Herzen kommenden Brief schrieb und diesen dann verbrannte. In der Asche des Briefes sah Annette funkelnde blaue Lichtblitze, die ihr anzeigten, dass Erzengel Michael bei ihr war. Am nächsten Tag spürte Annette das Bedürfnis, alle Sachen ihres Exmannes aus ihrem Auto zu entfernen. Sie bat die Engel, sie selbst, ihre Kinder, ihr Heim und ihr Auto von jeglicher Negativität zu befreien. Während Annette die letzten Unterlagen und Papiere ihres Exmannes aus dem Auto entsorgte, sprang der Kofferraumdeckel von alleine auf. Annette konnte es kaum glauben! Dankbar holte sie den Kinderwagen aus dem Kofferraum und dankte den Engeln aus vollem Herzen für ihre Hilfe.

Sie ging ins Haus, und das Telefon klingelte. Es war ihr Neffe, der selten anrief und ihr sagte, dass er seinem Nachbarn von ihrer Situation erzählt habe. Der Nachbar wollte eigentlich sein schönes weißes Auto in perfektem Zustand für 5000 Dollar verkaufen, war jedoch bereit, es

Annette für weniger als die Hälfte zu überlassen. Annette kamen die Tränen, als ihr der Wagen gebracht wurde, da er ihre kühnsten Träume noch übertraf.

Sie sagt: »Als ich das weiße Auto in meine Einfahrt rollen sah, wusste ich, dass es ein Geschenk der Engel war. Ich bin ganz überwältigt von all dem ›Glück‹, das mir seit dem Moment, wo ich die Engel um Hilfe bat, zuteil geworden ist. Auch heute kümmern sie sich noch jeden Tag um mein Wohlergehen und lassen mich durch ihre blitzenden blauen, violetten und grünen Lichtfunken wissen, dass sie bei mir sind. Dank der Engel fehlt es mir an nichts, und alle meine täglichen Bedürfnisse werden erfüllt.«

Die Engel können uns bei allen Beziehungsproblemen helfen, egal ob es sich dabei um einen Ehepartner, Familienmitglieder, Freunde oder sogar Fremde handelt. Außerdem führen und schützen die Engel unsere beruflichen Beziehungen. Schließlich verbringen wir einen Großteil unserer Zeit mit Kollegen, Vorgesetzten, Klienten und anderen Personen, mit denen wir bei unserer Arbeit in Kontakt kommen. Im nächsten Kapitel werden wir herausfinden, wie uns die Engel in beruflichen Angelegenheiten und bei der Erfüllung unserer Lebensaufgabe helfen möchten.

SIEBTES KAPITEL

HILFE DER ENGEL BEI IHREM BERUF UND DER ERFÜLLUNG IHRER LEBENSAUFGABE

Eine der Hauptfragen, die mir immer wieder von meinen Seminarteilnehmern gestellt wird, lautet: »Können die Engel mir etwas über meine Lebensaufgabe sagen?« Die diesem Ansinnen zugrunde liegende Frage lautet in der Regel: »Welcher Beruf wäre am sinnvollsten für mich?«

Da wir in der Regel jeden Tag acht Stunden oder mehr arbeiten, ist es verständlich, einen Beruf haben zu wollen, der sinnvoll ist. Einer, der mehr ist als nur ein Job, um die Rechnungen zu bezahlen. Was Ihnen vorschwebt, ist eine Tätigkeit, die Ihre Leidenschaft befriedigt und von der Sie glauben, dass sie zur Verbesserung der Welt beiträgt. Und sollte sie darüber hinaus auch noch gut bezahlt werden, umso besser.

Jeder von uns hat eine wichtige und dringend benötigte Lebensaufgabe, die unsere natürlichen Talente, Leidenschaften und Interessen einbezieht. Unsere Lebensaufgabe hilft auf irgendeine Weise anderen Menschen, der Natur, den Tieren oder der Umwelt. Die Engel bitten uns, wir mögen uns darauf fokussieren, der Welt irgendeinen Dienst zu erweisen und uns keine Sorgen um Geld oder Anerkennung zu machen, die wir dafür erhalten werden. Sie sagen: »Diene einem guten Zweck, und im Gegenzug wird dein Zweck dir dienen.« Die Engel können Ihnen jedwede Hilfe bringen, die Sie benötigen.

Die Erzengel und Ihr Beruf

Die Erzengel sind glücklich, Ihnen bei allen Aspekten Ihrer Karriere zu helfen. Hier sind einige Aufgaben, bei deren Erfüllung ganz bestimmte Erzengel helfen können:

Ariel

Dieser Erzengel hilft allen Menschen, die an Berufen interessiert sind, die mit der Umwelt, der Natur oder Tieren zu tun haben. Er hilft bei der Manifestation von Geldmitteln oder anderen Voraussetzungen, die Sie für Ihre Lebensaufgabe und Ihre täglichen Ausgaben benötigen.

Azrael

Falls Ihr Beruf mit der Beratung trauernder Hinterbliebener zu tun hat oder mit Personen, die einen Verlust erlitten haben (wenn Sie z. B. in einem Krankenhaus, Hospiz, Beratungszentrum oder Ähnlichem tätig sind), kann dieser Erzengel Ihre Worte und Aktionen leiten, die es Ihnen ermöglichen, den Trauernden Trost und neuen Lebensmut zu geben.

Chamuel

Der »findende Erzengel« wird Ihnen helfen, den Beruf zu finden, der Ihnen vorschwebt. Er wird dafür sorgen, dass Sie Ihren inneren Frieden beibehalten, indem er Ihnen hilft, den für Sie besten Job zu finden.

Gabriel

Der Erzengel der Boten hilft Journalisten, Lehrern, Schritstellern und denen, die mit Kindern arbeiten möchten. Wenn Sie sich zum Schreiben berufen fühlen, wird Gabriel Sie motivieren und führen. Wenn Sie auf irgendeine Weise Kindern helfen wollen, bitten Sie Gabriel um eine göttlich inspirierte Aufgabe.

Haniel

Der Erzengel der Anmut ist der beste Begleiter, den Sie herbeirufen sollten, wenn Sie zu einem Vorstellungsgespräch oder einem Geschäftstermin gehen oder immer dann, wenn Sie sich durch besondere Redegewandtheit und perfekte Umgangsformen auszeichnen wollen.

Jophiel

Der Erzengel der Schönheit hilft, eine hohe und reine Energie an Ihrem Arbeitsplatz zu erhalten und Ihre Einstellung zu dem von Ihnen gewählten Beruf positiv zu halten. Darüber hinaus hilft er Künstlern, Kreativen jeglicher Couleur sowie allen, die in der Schönheitsbranche und als Feng-Shui-Berater tätig sind, bei allen Aspekten ihres Berufs.

Metatron

Wenn die Ausübung Ihres Berufs die Arbeit mit Jugendlichen oder energetischen Kindern einschließt, kann Metatron Ihnen helfen. Er wird Sie zu einer göttlichen Aufgabe führen, falls Sie mit Jugendlichen arbeiten wollen; außerdem ist Metatron ein wunderbarer Motivator mit hervorragendem Organisationstalent, daher sollten Sie ihn immer dann anrufen, wenn Sie Hilfe bei einer neuen Herausforderung im Zusammenhang mit Ihrer Tätigkeit brauchen.

Michael

Erzengel Michael kann Ihnen helfen, sowohl Ihre Lebensaufgabe zu erkennen als auch den nächsten Schritt in Ihrer Karriere vorzunehmen. Eine der besten Möglichkeiten, diesen Prozess ins Rollen zu bringen, besteht darin, ihm einen Brief zu schreiben und Erkundigungen über die besten Berufs- und Ausbildungsmöglichkeiten einzuholen. Michael ist außerdem einer der deutlich vernehmbarsten Erzengel, daher werden Sie wahrscheinlich kein Problem damit haben, ihn zu hören. Schreiben Sie seine Antworten unter die Fragen in Ihrem Brief, damit Sie seine Berufsempfehlungen schwarz auf weiß haben.

Michaels Sprachstil ist äußerst direkt. Er ist sehr liebevoll, aber gleichzeitig sehr schnörkellos. Aus diesem Grund ist Michael eine große Hilfe, wenn es darum geht, den Mut zu finden, Ihre Karriere zu verändern oder zu verbessern. Er wird Ihnen helfen, einen besseren Job zu finden; Ihr eigenes Unternehmen zu starten; und Ihren Kollegen, Vorgesetzten und Klienten gegenüber Ihre Wahrheit liebevoll zum Ausdruck zu bringen.

Dieser Erzengel hat zudem ein bewundernswertes Talent, elektronische und technische Geräte wie beispielsweise Computer, Faxgeräte und Ähnliches zu reparieren.

Raguel

Wenn Ihre Arbeit darin besteht, Beziehungen mit Klienten oder Mitarbeitern herzustellen sowie als Vermittler tätig zu sein (zum Beispiel bei Eheberatung), kann Erzengel Raguel für harmonische Interaktionen sorgen.

Raphael

Wenn Sie im Heilbereich bereits tätig sind oder sich dazu berufen fühlen, Heiler/in zu werden, kann Raphael Ihnen helfen. Als der wichtigste Heilungsengel steht Raphael bei allen Aspekten in diesem Bereich zur Verfügung. Er kann Sie führen und bei der Entscheidung für eine bestimmte Heilungsmethode beraten, die Ihnen am meisten Freude bringen würde; er kann das nötige Geld für die Ausbildung manifestieren; ein Heilungszentrum ins Leben rufen und betreiben; die für Sie beste Beschäftigung im Heilbereich finden; oder eine erfolgreiche Privatpraxis einrichten und Ihnen helfen, Ihre Heilbehandlungen in Wort und Tat optimal vorzunehmen.

Sandalphon

Dieser Erzengel hilft bei allen Berufen, die mit Kunst zu tun haben, vor allem mit Musik. Bitten Sie Sandalphon als Muse an Ihre Seite, damit er Sie inspiriert; als Lehrer, um Ihren schöpferischen Prozess anzuleiten; und als Agent, um Ihre kreativen Projekte zu vermarkten.

Uriel

Der Erzengel des Lichtes kann Ihren Geist mit klugen Ideen und Konzepten erhellen. Bitten Sie Uriel um Hilfe bei Problemlösung, Brainstorming oder wichtigen Gesprächen.

Zadkiel

Dieser Erzengel verhilft Ihnen zu einem besseren Gedächtnis; und er ist ein wunderbarer Gehilfe für Schüler und alle, die sich genau an Namen, Zahlen oder andere wichtige Informationen erinnern müssen.

Die Engel bei der Arbeit

Viele Engel werden Überstunden machen, wenn es darum geht, Ihnen bei der Ausübung Ihres Berufs zu helfen. Bitten Sie sie einfach darum, und sie werden z. B. Ihre eingehenden Telefonanrufe filtern und lästige Zeitverschwender fernhalten. Außerdem können die Engel die passende Kundschaft zu Ihnen führen.

Hier ist ein schönes Morgengebet, zu sprechen, bevor Sie mit Ihrer Arbeit beginnen:

»Ich bitte darum, dass jedem, dem mein Produkt (oder meine Dienste) Nutzen bringt, die Zeit, das Geld und was immer sonst er benötigt, zur Verfügung steht, um heute mein Produkt (oder meine Dienste) zu erwerben.«

Ich habe mit einigen erfolgreichen Geschäftsinhabern gesprochen, die mit großem Erfolg ein ähnliches Gebet benutzen. Wenn ich ihre Läden aufsuche, stelle ich jedes Mal mit Begeisterung fest, dass sie voll mit glücklichen, zahlenden Kunden sind.

Bitten Sie die Engel, Ihnen zu helfen, Spaß bei Ihrer Arbeit zu haben, und sie werden Ihren Tag durch viele freudige, sinnvolle Momente bereichern. Wenn Sie etwas brauchen, zum Beispiel einen neuen Computer, neues Inventar oder ein größeres Büro, bitten Sie die Engel diesbezüglich um Hilfe. Auch wenn Sie neue Ideen, Beziehungen oder Energie brauchen, können Ihnen die Engel zu Hilfe kommen.

Die Engel können Ihnen mit jedem großen oder kleinen Detail helfen, das mit Ihrem Arbeitsleben zu tun hat, denn sie lieben Sie und möchten, dass es Ihnen gut geht. Sie freuen sich, wenn Sie inneren Frieden haben, und sie wissen, dass Sie dann am glücklichsten sind, wenn Sie sich gut fühlen über die Art, wie Sie Ihren Tag verbringen.

Die Engel möchten uns helfen, dass wir uns immer gut fühlen, und dazu gehört, dass sie die Menschen, die uns nahestehen, heilen, wenn sie krank sind. Im nächsten Kapitel werden wir einige der Methoden ansprechen, mit denen Engel über unsere Gesundheit wachen und für andauernden inneren Frieden für Körper, Geist und Seele sorgen.

ACHTES KAPITEL

HEILUNG MIT HILFE DER ENGEL

Für Gott und die Engel ist nichts unmöglich. Sie können jede Kondition heilen, unsere Motivation zur körperlicher Bewegung steigern und übermäßiges Verlangen nach ungesunden Nahrungsmitteln oder Substanzen eliminieren oder reduzieren. Das Einzige, was wir dazu beitragen müssen, ist die kristallklare Entscheidung, dass wir geheilt werden *wollen*, und die Bereitschaft, diese Situation vollständig Gott und den Engeln zu überlassen.

Die Engel arbeiten in Verbindung mit Jesus Christus, Buddha oder anderen Gottheiten, daher müssen Sie sich keine Sorgen machen, dass die Heilung der Engel Ihre religiösen Glaubenssätze oder Gebote untergräbt.

Sie können Gott auch bitten, einem anderen Menschen heilende Engel zu schicken. Wie bereits an früherer Stelle erwähnt, werden die

Engel niemals den freien Willen eines Menschen übergehen, indem sie ihm eine unerwünschte Heilung aufdrängen (vergessen Sie nicht, dass manche Menschen aus persönlichen Gründen, die nur ihnen bekannt sind, nicht geheilt werden wollen). Dennoch hat die *Gegenwart* der Engel eine beruhigende Wirkung, die immer hilfreich und positiv ist. Daher ist es eine gute Idee, Engel für jene Personen anzurufen, die mit gesundheitlichen Problemen konfrontiert sind.

Erzengel Raphael ist der Hauptengel, der Heilungen durchführt und überwacht. Ihm assistieren die »heilenden Engel«, die in präziser Übereinstimmung mit ihm arbeiten, um wunderbare Heilungen zu bewirken. Raphaels Heiligenschein ist smaragdgrün, die energetische Farbe reiner Liebe. Raphael umgibt verletzte und erkrankte Bereiche mit smaragdgrünem Licht.

Manchmal heilen die Engel, indem sie uns zu wunderbaren menschlichen Heilern führen. Nachdem Sie die Engel um Hilfe gebeten haben, achten Sie aufmerksam auf sich wiederholende Eingebungen oder Gefühle, die Sie auffordern, bestimmte Ärzte oder Gesundheitseinrichtungen zu besuchen. Vergessen Sie nicht, dass Sie die Engel immer bitten können, lauter zu sprechen oder etwas zu erklären, das Sie nicht verstehen.

Hollys Geschichte zeigt deutlich, wie die Engel uns auf wundersame Weise heilen können, vorausgesetzt, wir bitten sie um ihre Hilfe und treten dann beiseite, damit sie ihre Arbeit erledigen können:

Holly überlebte einen Frontalzusammenstoß, doch da ihr rechter Knöchel bei dem Aufprall völlig zerschmettert wurde, hatte sie das Gefühl, als sei ein wichtiger Teil ihres Lebens gestorben. Als begeisterte Wanderin, Joggerin, Tänzerin war Holly jetzt kaum mehr in der Lage, zu stehen und zu gehen. Sie konnte nicht länger die spitzen Pumps tragen, die sie immer so geliebt hatte, und war nicht mehr fähig, durch die Küche zu tanzen, wie sie es immer getan hatte, wenn sie das Abendessen für ihre Familie zubereitete.

Unfähig, ihren rechten Knöchel zu bewegen, schien ihr Leben alle Farbe verloren zu haben, und Holly wurde zusehends depressiver. Sie hinkte, hatte Schmerzen, und ihr Arzt empfahl ihr eine Operation, bei der ihr Knöchel mit einer Metallschraube zusammengehalten werden sollte, um die Bewegungsfreiheit ihres rechten Fußes zu erhöhen.

Holly hatte viele Bücher über Engel gelesen, und sie glaubte aus ganzem Herzen an Gott, doch hatte sie stets selbst die Kontrolle über ihr Leben gehabt und nie andere um Hilfe gebeten, nicht einmal Gott. Sie bezeichnete sich selbst als »Kontrollfreak« und glaubte immer, dass die

Dinge unerledigt blieben, wenn sie sie nicht selbst in die Hand nahm. Jetzt war sie jedoch niedergeschlagen und bereit, um Hilfe zu bitten.

Nachdem sie von den Heilungen gelesen hatte, die in meinem Buch *Medizin der Engel* beschrieben sind, hatte Holly einen Moment der Erleuchtung und erkannte, dass ihr dieselbe Hilfe zustand, die anderen von Gott und den Engeln zuteil geworden war. Sie sagte zu sich selbst: *Ich bin es wert, ein Wunder zu erleben!* Außerdem erkannte sie, dass ihre bisherige Methode, alles zu kontrollieren und dem logischen Verstand unterzuordnen, nicht mehr funktionierte.

Sie erinnert sich: »Zum ersten Mal in meinem Leben habe ich losgelassen. Ich erkannte, dass ich diese Sache nicht alleine erledigen musste. Ich ließ die Angst los, den Schmerz und die Depression. Das Einzige, um was ich bat, war, dass meine Heilung im Schlaf eintreten möge, da ich wusste, dass ich zu viele Fragen stellen würde, wenn sie im Wachzustand geschehen würde!«

Nachdem Holly Gott und die Engel um Heilung gebeten hatte, kuschelte sie sich mit ihren drei Hunden im Bett zusammen und schlief ein. Normalerweise wachten die Hunde während der Nacht auf und wollten nach draußen gelassen werden, doch in dieser Nacht war es ganz anders, und alle drei schliefen bis zum Tagesanbruch durch.

Holly hingegen wurde mitten in der Nacht plötzlich von elektrischen Impulsen geweckt, die ihren Körper zum Zucken brachten. Ihr wurde abwechselnd heiß und kalt, während die elektrischen Impulse wie Wellen durch ihren Körper drangen. Der ganze Raum war von derselben Atmosphäre aufgeladener Spannung erfüllt. Sie fühlte sich leichter als je zuvor in ihrem Leben und wusste in dem Moment, dass sie geheilt worden war. Eine Stimme sagte: »Steh auf«, also schwang sie ihre Beine über den Rand des Bettes. Die Hunde schliefen seelenruhig weiter.

Holly sagt: »Ich konnte den ganzen Fuß, der zum größten Teil steif gewesen war, wieder voll bewegen! Mein rechter Fußknöchel war genauso beweglich und drehte sich genauso leicht in alle Richtungen wie mein linker. Ich richtete mich auf, und zum ersten Mal nach eineinhalb Jahren hatte ich keine Schmerzen mehr. Ich konnte mein ganzes Gewicht auf den verletzten Fuß verlagern und ohne zu hinken gehen.«

Heute tanzt und joggt Holly wieder und trägt auch wieder ihre geliebten hochhackigen Schuhe. Sie sagt: »Ich tat etwas, von dem die Wissenschaft behauptet, dass es unmöglich ist. Ich musste einfach glauben, es blieb mir gar nichts anderes übrig. Ich musste einfach um Heilung bitten. Ich danke dir, lieber Gott, dass du mir deine Erzengel gesandt hast. Endlich hat mich das Leben wieder!«

Die Engel können nicht nur Körper der Menschen, sondern auch die der Tiere heilen. Auch hier kommt es nur darauf an, um Hilfe zu bitten:

Andreas Kater, Jesus, war sehr krank. Er wollte sich weder bewegen noch fressen, also brachte sie ihn zum Tierarzt, wo eine Infektion und Nierensteine festgestellt wurden. Ein paar Tage später lag er immer noch mit hohem Fieber in der Tierklinik. Ungefähr um halb fünf nachmittags, als Andrea anrief, um sich nach dem Befinden ihres Katers zu erkundigen, teilte ihr der Tierarzt mit, dass der Kater die Nacht wahrscheinlich nicht überleben würde.

Weinend legte Andrea den Hörer auf und flehte die Engel an, ihre Katze zu heilen. Nachdem sie dreißig Minuten lang mit ihren Engeln gesprochen hatte, fühlte sich Andrea innerlich ruhig und zuversichtlich. Sie hörte eine Stimme sagen: »Dein Kätzchen wird gesund werden und wieder so sein wie früher.«

Am nächsten Morgen, als sie erneut in der Tierklinik anrief, sagte ihr eine Schwester, dass sich um halb sechs am Vorabend die Temperatur des Katers normalisiert hatte. Das war genau der Zeitpunkt, als sich Andrea nach dem Gespräch mit ihren Engeln so friedvoll gefühlt hatte! Heute würde man nie glauben, dass Andreas Kater jemals krank gewesen ist, genau wie die Engel es versprochen hatten.

Gesunde Lebensweise

Wenn die Engel uns auch voller Freude bei gesundheitlichen Krisen helfen, so beschäftigen sie sich ebenso gern mit Gesundheitsvorsorge, damit wir unser Leben lang gesund und fit bleiben.

Sie haben höchstwahrscheinlich schon gespürt oder gehört, wie Ihre Engel Sie dazu anstoßen, Ihre Ernährungsweise zu ändern, mehr Sport zu betreiben oder irgendetwas anderes zu tun, um Ihre Gesundheit zu fördern.

Viele Menschen stellen fest, dass sich ihre Vorliebe für bestimmte Nahrungsmittel und Getränke ändert, sobald sie angefangen haben, mit den Engeln zusammenzuarbeiten. Manche verlieren sogar die Fähigkeit, ihre früheren Lieblingsspeisen zu verdauen.

Dies kommt von der höheren Energieschwingung, die auftritt, wenn Sie von Engeln umgeben sind. In der gleichen Weise, wie das Gesetz der Anziehung dafür sorgt, dass Sie sich zu Menschen hingezogen fühlen, die ähnliche Gefühle und Ansichten haben wie Sie, werden Sie merken, dass Sie sich zu anderen Nahrungsmitteln, Speisen und Getränken hingezogen fühlen als vorher.

Manche Menschen verbessern ganz automatisch und ohne Probleme ihre Essgewohnheiten, doch viele von uns brauchen dazu die Hilfe der Engel.

Ich litt, kurz nachdem ich mit dem Schreiben von Engelbüchern angefangen hatte, unter schrecklichen Kopfschmerzen. Da ich nie zuvor in meinem Leben Kopfschmerzen gehabt hatte, wusste ich, dass irgendetwas nicht stimmte. Ich fragte Erzengel Raphael, was los war, und hörte umgehend (durch meine Gefühle und Gedanken), dass mein täglicher Schokoladenverzehr schuld daran war. Er erklärte mir, dass Schokolade meine Energie senke, was eine Disharmonie erzeugen würde, sobald ich mit den Engeln Kontakt aufnahm. Es sei vergleichbar mit dem Zusammenprall eines Tief- und Hochdruckegebiets, was sich in einem Gewitter entlädt.

Ich war entsetzt über diese Mitteilung, da ich fast ständig ein Verlangen nach Schokolade verspürte. Ich fragte mich, wie ich es anstellen sollte, auch nur einen einzigen Tag ohne Schokolade zu überstehen, daher bat ich Raphael, mir zu helfen. Das war 1996, und seit jenem Abend habe ich nie wieder Verlangen nach Schokolade verspürt. Raphael hat mich völlig von jeglichem Wunsch nach Schokolade geheilt – nicht gerade ein kleines Wunder für eine ehemalige Schokoliebhaberin wie mich! Die Kopfschmerzen sind auch verschwunden und seitdem nie wiedergekehrt.

Die Engel sind weder prüde noch selbsternannte Moralapostel, doch sie wissen, dass einige von uns ein Leben frei von Chemikalien führen müssen, um vollkommen gesund und glücklich zu sein. Daher helfen sie uns beim Entgiften unseres Körpers und halten uns von Alkohol, Zucker, Koffein, Nikotin und anderen Drogen fern. Die Engel haben mir und vielen anderen geholfen, von chemischen Giftstoffen und übermäßigem Verlangen nach bestimmten Genussmitteln loszukommen.

Darüber hinaus führen uns die Engel zu den Sportarten, die unseren Interessen und unserem Energieniveau entsprechen. Häufig leiten sie uns an, Yoga zu praktizieren, da Yoga uns nicht nur beim Zentrieren und Meditieren hilft, sondern auch unsere Muskeln stärkt, unsere Chakras klärt und dafür sorgt, dass wir mehr Energie haben.

Außerdem legen die Engel uns ans Herz, mehr Zeit in der Natur zu verbringen, da die magische Energie der frischen Luft, der Bäume, Blumen und Pflanzen, nicht zu vergessen Wasser und Sonnenschein, uns erfrischt und erneuert.

Außerdem bitten die Engel uns, öfters eine Ruhepause einzulegen, wobei sie uns helfen, dafür zu sorgen, dass unser Schlafzimmer ruhig ist, unser Bett bequem und unsere Bettwäsche, Decken und Kissen frei von allergieerzeugenden Stoffen sind.

Falls Sie Gedanken oder Gefühle hatten, die Sie drängen, irgendeine dieser gesunden Veränderungen Ihrer Lebensweise vorzunehmen, ist dies ein Zeichen, dass Sie die Führung Ihrer Engel hören. Wenn Sie Hilfe zu Motivation, Energie, Zeit, Geld oder anderen Dingen benötigen, um diese Veränderungen durchführen zu können, bitten Sie einfach die Engel um ihre Unterstützung.

NEUNTES KAPITEL

ENGEL AUF DER ERDE

Vielleicht sind Sie schon einmal einem Engel in menschlicher Gestalt begegnet, der Ihnen eine tröstende Botschaft übermittelte oder der eine Heldentat vollbrachte. Engel können in menschlichen Körpern erscheinen, wenn es darum geht, ein Leben zu retten oder jemandem zu helfen, wirklich zu hören, was sie zu sagen haben.

Inkarnierte Engel sehen aus wie ganz normale Menschen. Manchmal sind sie sehr gut gekleidet, dann wieder kommen sie in Lumpen daher. Diese Engel nehmen in der Regel nur vorübergehend eine menschliche Gestalt an, gerade lange genug, um eine himmlische Funktion auszuüben. Manche Engel leben jedoch ein ganzes Lebensalter als Menschen, wenn eine Familie, ein Krankenhaus, eine Schule oder andere Gruppen langfristige himmlische Hilfe benötigen. Hier ist ein Beispiel dafür, wie ein paar Engel in menschlicher Form Susan geholfen haben:

An einem kalten Wintertag ging Susans* Heizung kaputt. Sie rief diverse Heizungsfirmen an, musste jedoch feststellen, dass sie sich weder einen neuen Heizregler noch die Reparatur des alten leisten konnte. Am nächsten Tag fuhr ein unmarkierter weißer Lieferwagen vor ihrem Haus vor. Zwei Männer in neutraler Montur teilten Susan mit, dass man sie geschickt hatte, um einen neuen Regler in ihre Heizung einzubauen.

Als Susan protestierte, dass sie keinen neuen Regler bestellt habe, sagten die Männer, dass sie ihn trotzdem installieren würden und sie sich wegen der Kosten später mit ihrem Chef einigen konnte. Susan hörte nie wieder etwas von den beiden Männern, und sie wusste nicht, welche Firma sie anrufen sollte, um sich über die Kosten des neuen Reglers zu informieren. Sie wusste nur, dass ihre Engel dafür gesorgt hatten, dass sie und ihre Familie nicht frieren mussten.

Engel helfen uns auf wundersame Weise. Anstatt um das Geld für einen neuen Heizregler zu beten, bat Susan einfach nur, dass es in ihrem Haus wieder warm werden möge. Wenn sie darauf bestanden hätte, dass Gott ihr Geld zukommen lässt in der Annahme, dass dies der einzige Weg zu einem neuen Regler sei, hätte sich die Antwort auf ihr Gebet vielleicht nicht so prompt ergeben.

Auf die gleiche Weise entdeckte Tracy, dass die Engel unablässig großzügig sind mit Zeit und Geld:

Tracy war mit ihrer kleinen Tochter am Flughafen und wollte gerade für ihren Heimflug einchecken, als man ihr sagte, dass ihr Ticket ungültig sei und sie ein neues Ticket kaufen müsse, wenn sie diesen Flug nehmen wolle. Sie hatte nicht genug Geld für ein neues Ticket, also setzte sie sich hin und begann zu weinen. Eine Hand berührte Tracy sanft an der Schulter. Es war eine elegant gekleidete ältere Frau, die fragte, ob sie ihr helfen könne. Als Tracy ihre Notlage schilderte, kaufte die Frau ihr umgehend ein Ersatzticket. Tracy bedankte sich von ganzem Herzen bei der Frau, die im nächsten Moment plötzlich verschwunden war.

An Bord stellte Tracy erfreut fest, dass die Frau den Sitz neben ihr hatte. Den ganzen Flug über sprach die Frau tröstende Worte, und als sie landeten, dankte Tracy erneut ihrer Wohltäterin für das Ticket und die freundlichen Worte. Doch sofort nach dem Aussteigen verschwand die Frau wieder. Tracy hat keinen Zweifel daran, dass die Frau ein verkleideter Engel war.

Ein Engel kann für kurze Zeit in menschlicher Gestalt in unser Leben treten, um uns Schutz zu gewähren, uns an einem wichtigen Scheideweg in unserem Leben beizustehen oder uns Unterstützung und Führung zu geben. Sobald sie ihre himmlische Mission erfüllt haben, verschwinden diese Wesen aus unserem Leben so schnell, wie sie gekommen sind:

Anna hatte einen Friseursalon und seit drei Monaten jeden Freitagmorgen um neun Uhr Bettys Haare frisiert. Eines Donnerstagabends erhielt sie einen Anruf von Betty, die ihren Termin am nächsten Morgen um eine Stunde vorverlegen wollte. Daher öffnete Anna ihren Laden eine Stunde früher als sonst. Zehn Minuten später erschütterte ein schweres Erdbeben die Stadt.

Während des Bebens stürzte Annas Wohnmobil um, in dem sie lebte, und ein großer Elektromast fiel auf ihre Veranda. Wäre Anna nicht eine Stunde früher aus dem Haus gegangen, um den Laden rechtzeitig für den Acht-Uhr-Termin zu öffnen, hätte sie wahscheinlich schwere Verletzungen erlitten, wenn nicht sogar Schlimmeres. Betty erschien nicht zu dem vereinbarten Termin, und Anna hörte nie wieder etwas von ihr. Schließlich hatte Betty ihre himmlische Funktion erfüllt und Annas Leben geschützt.

Zuweilen bittet uns der Himmel, die Funktion eines Engels zu übernehmen. Haben Sie schon jemals einen Freund oder einen Klienten beraten und etwas gesagt, was so weise und tröstend war, dass Sie sich gewundert haben, woher Sie diese Worte hatten? Das ist ein Beispiel dafür, wie Gott durch Sie als seinen Botenengel spricht.

Ein anderes Mal gibt es keinen Zweifel daran, dass Ihnen jemand auf die Schulter klopft und Sie auffordert, als Erdenengel zu fungieren, wie es Kathy passiert ist:

Kathy ist Krankenschwester, und als sie Zeugin eines schweren Autounfalls auf der Gegenfahrbahn wurde, war ihr erster Impuls, hinüberzugehen und zu helfen. Doch sie fragte sich, wie sie unbeschadet auf die Gegenspur der Autobahn gelangen sollte. Etwas in ihrem Inneren sagte ihr, sie solle trotzdem anhalten. Als sie aus ihrem Wagen stieg, kam eine Frau auf sie zu und nannte Kathy bei ihrem Namen, obgleich sie die Frau noch nie gesehen hatte. Die Frau sagte, dass die in den Unfall verwickelten Personen dringend ihre Hilfe bräuchten. Als Kathy erwiderte: »Ich weiß nicht, wie ich auf die andere Straßenseite kommen soll«, antwortete die Frau: »Ich werde Ihnen helfen.«

Die Frau ging in die Mitte der stark befahrenen Autobahn und hob ihre Hand, um die großen Lastwagen anzuhalten. Sie packte Kathys Arm und führte sie auf die Fahrbahn zu einem jungen Mann, der aus dem Auto geschleudert worden war und dringend Erste Hilfe brauchte.

Kathy schaute über die Schulter, um der Frau zu danken, doch sie war nicht mehr da.

Kathy machte Mund-zu-Mund-Beatmung und betete mit dem jungen Mann, bis der Krankenwagen eintraf. Später wollte sie Erkundigungen über die Frau einholen, die ihr bei der Überquerung der Autobahn geholfen hatte, doch niemand hatte sie gesehen. Kathy ist davon überzeugt, dass es sich bei ihr um einen Schutzengel handelte und dass sie selbst an jenem Abend als Ersatzengel eingeschaltet worden war.

Die meisten Menschen, die einem Engel in menschlicher Gestalt begegnen, erkennen nicht auf Anhieb, dass es sich bei dem hilfreichen Menschen um einen Engel handelt. Erst später, wenn der Engel verschwunden ist, offenbart sich seine wahre Identität:

An einem extrem nebligen Abend wollten sich die Lehrerinnen Lorraine und Barbara nach einem anstrengenden Tag mit dem Auto nach Hause fahren und sorgten sich um ihre Sicherheit. Der Nebel war so dicht, dass sie Schwierigkeiten hatten, ihr Auto auf dem Parkplatz vor der Schule zu finden. In dem Augenblick, wo Barbara sich widerstrebend hinter das Lenkrad setzte, trat ein gut gekleideter Mann aus dem Nebel auf sie zu.

»Rutschen Sie beiseite«, forderte er sie autoritär auf. Keine der beiden Frauen empfand Angst ob dieses ungewöhnlichen Ereignisses, sondern aus irgendeinem Grund vertrauten sie dem Mann und seiner Einschätzung der Lage. Auf dem Heimweg fühlten sich die beiden Frauen schläfrig, so als würden sie vor sich hindämmern.

Barbara erinnert sich: »Ich kam in dem Moment wieder in die Realität zurück, als wir in meine Einfahrt einbogen und ich unsere beiden Männer sah, die auf uns warteten, erleichtert darüber, dass wir wohlbehalten zu Hause angekommen waren.« Lorraine lief ins Haus, während Barbara darüber nachsann, was eigentlich passiert war. Der Mann war verschwunden, hatte sich buchstäblich in nichts aufgelöst, und Barbara saß hinter dem Steuer, ohne sich erinnern zu können, wie sie dorthin gelangt war. Bis auf den heutigen Tag ist das Ganze für Lorraine und Barbara ein Rätsel, doch glauben beide, dass in jener Nacht ein Engel kam, um sie vor einer möglichen Gefahr zu retten.

Engel nehmen menschliche Gestalt an, um physische Hilfe zu leisten, wie der Engelsmann, der Barbara und Lorraine sicher durch den Nebel nach Hause fuhr. Außerdem inkarnieren Engel bei Bedarf vorübergehend in Zeiten von Stress und in Krisensituationen, wenn wir die leise

Stimme Gottes in unserem Inneren nicht hören können. In diesen Situationen nehmen Engel menschliche Gestalt an, damit wir ihre wichtigen Botschaften und Warnungen hören, wie Patricia es erlebt hat:

Patricia überquerte eine Kreuzung, als sie einen lauten Knall hörte. Als sie ihre Augen öffnete, merkte sie, dass sie in einen Unfall verwickelt war. Langsam richtete sie sich in ihrem Sitz auf und bemerkte eine Frau, die neben der Fahrertür stand. »Schalten Sie den Motor ab!«, sagte die Frau. »Er ist ausgeschaltet«, antwortete Patricia, ohne zu merken, dass der Motor noch immer lief. Die Frau wiederholte: »Drehen Sie den Zündschlüssel nach links, um den Motor abzustellen.« Patricia folgte der Aufforderung, und die Frau verschwand.

Feuerwehrmänner und Sanitäter mussten Patricia mit einer Brechstange aus ihrem Auto befreien. Einer der Männer sagte: »Wie gut, dass Sie Ihren Motor abgestellt haben. Das Benzin war ausgelaufen, und ein einziger Funke aus der Zündung hätte genügt, eine Explosion auszulösen, und dann wär's aus gewesen!« Als Patricia erklärte, dass die Frau ihr geraten hatte, den Motor abzustellen, sagte der Mann: »Welche Frau? Wir waren die Ersten, die an die Unfallstelle kamen. Niemand hätte zu Ihnen durchkommen können, bevor der Wagen an den Straßenrand geschleppt wurde.« Das war der Moment, als Patricia klar wurde, dass sie ihre Rettung nicht nur den Feuerwehrmännern, sondern vor allem einem Engel zu verdanken hatte.

Egal ob sie sich in menschlicher Gestalt oder auf geistiger Ebene inkarnieren, in jedem Fall sind die Engel hier, um Gottes Friedensplan für die Welt zu erfüllen, für einen Menschen nach dem anderen. Das bedeutet, dass die Engel Ihnen bei allem helfen wollen, was *Ihnen* Frieden bringt. Wenn Sie nicht wissen, was es ist, das Ihnen Frieden bringt, können Sie die Engel um Führung bitten, damit Sie positive Ziele für sich selbst festlegen können. Außerdem können die Engel Ihnen sowohl die Zeit als auch die Motivation, Energie und alles Sonstige zur Verfügung stellen, was Sie benötigen, um ihrer göttlichen Führung zu folgen.

Die Engel lieben Sie mehr, als Worte es jemals ausdrücken können. Ihre Liebe ist bedingungslos, und sie schätzen Ihre Gaben, Talente und göttliche Mission und halten sie in Ehren. Der größte Wunsch der Engel ist es, Ihnen zu höchstem innerem Frieden und Glück zu verhelfen. Sie stehen rund um die Uhr zur Verfügung, um Ihnen beizustehen. Alles, was Sie tun müssen, ist, sie um ihre Hilfe zu bitten.

ZEHNTES KAPITEL

HÄUFIG GESTELLTE FRAGEN ZU DEN ENGELN

Hier sind einige der Fragen, die mir häufig von Teilnehmern meiner Seminare und Lesern meiner Bücher gestellt werden. Wenn ich auch nicht behaupte, alle Antworten zu wissen, so bin ich doch eine gute Zuhörerin, und die nachfolgenden Antworten erhielt ich, als ich Gott und die Engel darum bat. Auch Ihnen empfehle ich, Gott und den himmlischen Wesen Ihre Fragen zu stellen und auf die Antworten zu lauschen, die Sie darauf bekommen.

Frage: *Warum kann ich meine Engel nicht hören?*
Antwort: Die beiden Hauptursachen, warum Menschen scheinbar nicht in der Lage sind, ihre Engel zu hören, bestehen darin, dass sie sich zu sehr anstrengen, damit etwas geschieht, und sich hinsichtlich der Engelsbotschaften unsicher sind oder sie gar nicht wahrnehmen.

Es ist wichtig, dass Sie sich nicht zu sehr anstrengen oder darum bemühen, sie zu hören. Bleiben Sie locker. Erinnern Sie sich, dass die Engel mehr motiviert sind als Sie, den Kontakt mit Ihnen aufzunehmen. Überlassen Sie ihnen die Hauptarbeit, während Sie in einem empfänglichen Zustand abwarten, anstatt hektisch nach einer Antwort zu jagen.

Bringen Sie Ihren Verstand durch gleichmäßiges Atmen zum Schweigen, dann schließen Sie die Augen und bitten Ihre Engel, Ihnen zu helfen, sich friedich und vertrauensvoll zu fühlen. Als Nächstes stellen Sie den Engeln eine Frage. Achten Sie auf Eindrücke, die in Form von Ideen, körperlichen oder emotionalen Empfindungen, Bildern oder Worten zu Ihnen kommen. Es ist ausgeschlossen, dass Sie gar nichts wahrnehmen, da einerseits die Engel immer auf jedes Gebet und jede Frage reagieren und Sie andererseits immer denken und fühlen – zwei Kanäle himmlischer Kommunikation, die immer offen sind.

Beachten Sie die Gedanken und Gefühle, die zu Ihnen kommen, vor allem wenn sie sich wiederholen, liebevoll und inspirierend sind. Oft sind die Botschaften der Engel sehr einfach und scheinen nichts mit Ihrer Frage oder Ihrem Gebet zu tun zu haben. Wenn Sie immer noch unsicher sind, ob die Botschaft echt ist, oder Sie ihre Bedeutung nicht verstehen, bitten Sie die Engel, Ihnen ein klares Zeichen oder zusätzliche Informationen zu geben.

Manchmal sind Menschen aufgrund ihrer Lebensgewohnheiten nicht in der Lage, ihre Engel zu hören. Zu den möglichen Hindernissen für klare göttliche Kommunikation können ein lautes Umfeld sowie chemische oder tierische Substanzen in der Nahrung gehören. Falls Sie ein ausgeprägtes Gefühl oder deutliche Ideen erhalten haben, die Ihnen nahelegen, Ihre Lebensweise zu ändern, bitten Sie die Engel um die nötige Motivation und Hilfe, um diese Änderungen vornehmen zu können.

Frage: *Ich habe meine Engel um Hilfe gebeten, aber es scheint nichts zu passieren.*
Antwort: Der wichtigste Grund, warum Gebete und Fragen scheinbar unbeantwortet bleiben, ist der, dass göttliche Führung (die Antwort der Engel auf Ihre Gebete in Form von Instruktionen und Empfehlungen, die Sie zur Manifestation Ihrer Wünsche führen) entweder nicht wahrgenommen oder ignoriert wurde. Falls Sie eine spezifische Art von Antwort erwarten, werden Sie vielleicht eine Antwort nicht bemerken, die von Ihren Erwartungen abweicht.

Als ich zum Beispiel darum betete, meinem Seelengefährten zu begegnen und ihn zu heiraten, erhielt ich die göttliche Führung, mich bei einem Yogakurs anzumelden, bei dem ich schließlich meinen Ehemann traf. Wenn ich nicht auf die göttliche Führung gehört hätte, diesen Yogakurs zu besuchen, wäre ich vielleicht zu dem Schluss gelangt, dass meine Gebete unbeantwortet bleiben.

Manche Menschen vertrauen der göttlichen Führung nicht, die sie erhalten. Wenn Sie beispielsweise um eine Verbesserung Ihrer finanziellen Situation bitten, werden Sie vielleicht den starken Impuls verspüren, eine eigene Firma zu gründen oder sich einen neuen Job zu suchen. Wenn Sie sich jedoch von dem Gedanken an einen neuen Job oder an die Selbständigkeit entmutigt fühlen, werden Sie diese Führung unter Umständen ignorieren und davon ausgehen, dass die Engel Ihnen in finanzieller Hinsicht nicht helfen.

Ein dritter Grund fällt in die Kategorie »göttliches Timing«. Manche Gebete werden umgehend beantwortet, während andere Zeit brauchen, um »gar« zu werden, bevor sich alle Faktoren optimal ergänzen. Zudem werden Gebete unter Umständen nicht beantwortet, bis wir uns bereit fühlen, das Ersehnte zu verdienen und zu empfangen.

Frage: *Beten Sie Engel an?*
Antwort: Nein, die Engel wollen nicht, dass wir sie anbeten. Sie wollen vielmehr, dass aller Ruhm und alle Ehre Gott zuteil wird.

Frage: *Warum retten die Engel nicht jeden, insbesondere unschuldige Kinder?*
Antwort: Diese Frage rührt an eines der geheimsten Mysterien des Lebens, und vielleicht werden wir die Antwort darauf nie wissen.

Manche Menschen treffen die Entscheidung, während einer Krankheit oder aufgrund von Verletzungen nicht um ihr Leben zu kämpfen, während andere nicht auf ihre göttliche Führung hören, die sie vielleicht retten könnte. Es scheint, als gäbe es für jeden von uns einen richtigen »Zeitpunkt« der Rückkehr nach Hause in die himmlischen Gefilde, den unsere Seele vor unserer Inkarnation festlegt. Wenn wir uns auch wünschen, dass sich jeder für ein gesundes und langes Leben auf der Erde entscheiden möge, so scheint dies jedoch nicht unbedingt Teil des Weges oder der Wünsche jeder einzelnen Seele zu sein.

Frage: *Was ist, wenn das, worum ich bitte, nicht Gottes Wille für mich widerspiegelt?*

Antwort: Manche Menschen fürchten, dass Gott ihr Leiden *will*, und sie haben Angst, einen Willen, der dem ihren übergeordnet ist, zu verletzen. Doch wenn wir wirklich glauben, dass Gott gut ist, warum würde dann der Schöpfer irgendetwas anderes als Liebe und Gutes für uns wollen? Jemand, der reine Liebe ist, würde uns nie »prüfen« oder Schmerz als eine Möglichkeit anwenden, damit wir innerlich wachsen. Wären wir nicht nützlicher für die Umsetzung von Gottes Plan, wenn unsere Energie und Gesundheit stets pulsierend und strahlend ist?

Gott ist allgegenwärtig, er lebt in jedem von uns. Das bedeutet, dass Gottes Wille überall ist und Ihren eigenen überlagert. Und ein liebender Gott würde nie wollen, dass Sie in irgendeiner Weise leiden, genauso wenig wie Sie wollen, dass Ihre eigenen Kinder leiden. Es stimmt, dass man durch Schmerzen wachsen kann, doch es ist ebenso wahr, dass man durch Frieden wachsen kann.

Im Allgemeinen hat Gott einen höheren Standard für uns vorgesehen, als wir uns selbst zubilligen. Sehr oft bitten wir um zu wenig, während Gott wartet, unfähig, uns mehr anzubieten, da dies unseren freien Willen sabotieren würde. Bitten Sie um alles, was Ihnen Frieden bringen wird, und der Himmel wird Ihnen mit Freuden helfen.

Frage: *Ich wuchs in dem Glauben auf, dass ich nur mit Gott oder Christus sprechen sollte. Ist es Gotteslästerung, mit den Engeln zu reden?*
Antwort: Diese Angst ist auf die Auslegung geistiger Schriften durch die einzelnen Glaubensrichtungen zurückzuführen. Wenn Sie selbst fest daran glauben, dass Sie nur mit Gott und Jesus Christus oder irgendeinem anderen geistigen Wesen sprechen sollten, dann halten Sie sich besser an diesen Glaubenssatz. Falls Sie ihn ignorieren, würde dies nur unnötige Angst erzeugen, und wir wollen dieses Negativgefühl mit Sicherheit nicht noch verstärken.

Bedenken Sie jedoch eines: Das Wort *Engel*, wie bereits an früherer Stelle erwähnt, bedeutet »Botschafter« oder »Bote Gottes«. Engel sind Geschenke des Schöpfers, die als himmlische Postboten agieren, indem sie Botschaften vom Schöpfer zu seinen Geschöpfen bringen. Sie arbeiten mit göttlicher Präzision bei der Übermittlung vertrauenswürdiger Führung für uns. Und genauso wie bei jedem anderen Geschenk ist es der Wunsch des Gebenden (Gott), dass wir uns an dem Geschenk erfreuen und es benutzen. Die Bibel und andere spirituelle Texte sind angefüllt mit positiven Berichten von Menschen, die mit Engeln sprechen, und dieses natürliche Phänomen setzt sich bis auf den heutigen Tag fort …

Frage: *Wie kann ich wissen, dass ich wirklich mit einem Engel spreche und mir das Ganze nicht nur einbilde?*
Antwort: Wahre göttliche Führung ist erhebend, inspirierend, motivierend, positiv und liebevoll. Bei Engelsbotschaften geht es immer darum, wie man etwas verbessern kann: eine Sichtweise, die eigene Gesundheit oder die eines nahestehenden Menschen, Beziehungen, die Umwelt und so weiter. Engel wiederholen im Allgemeinen die Botschaft durch Ihre Gefühle, Ihr Gehör, Ihre Gedanken und Visionen, bis Sie die empfohlene Handlung vornehmen. Falls Sie unsicher sind, ob eine Botschaft echt ist oder nicht, warten Sie ein wenig, da wahre göttliche Führung sich wiederholt, während falsche Führung schließlich verblasst, wenn sie ignoriert wird.

Achten Sie auf das sehr verbreitete »Hochstapler-Phänomen«, bei dem das Ego versucht, Sie zu überzeugen, dass Sie weder die Qualifikation haben, mit Engeln zu kommunizieren, noch im Besitz intuitiver oder außersinnlicher Fähigkeiten sind. Machen Sie sich bewusst, dass diese Botschaft nur auf der Angst Ihres Egos basiert.

Gott und die Engel sprechen stets in liebevollen und positiven Worten. Falls Sie jemals negative Worte von irgendjemandem hören, egal ob lebendig oder tot, brechen Sie das Gespräch ab und bitten Sie umgehend Erzengel Michael um Hilfe. Er wird die niederen Energien wegführen und Sie vor Negativität schützen.

Mit den Engeln zu kommunizieren ist eine angenehme, freudige Erfahrung. Egal ob Sie sie hören, sehen, ihre Gegenwart fühlen oder neue Eingebungen erhalten, Sie werden den Kontakt mit ihnen auf jeden Fall genießen.

Frage: *Wenn ich mit Engeln arbeite, entziehe ich mich dann meiner Verantwortung, die Kontrolle für mein eigenes Leben und mein persönliches Wachstum zu übernehmen?*
Antwort: Manche Menschen haben das Gefühl, dass sie »mogeln«, indem sie um göttliche Intervention bitten. Sie glauben, dass wir leiden müssen, um zu lernen und zu wachsen, und dass wir sowohl die Verantwortung dafür haben, in Schwierigkeiten zu geraten, als auch dafür, alleine wieder herauszukommen. Doch die Engel sagen, dass wir zwar durch Leiden innerlich wachsen können, es durch Frieden aber noch schneller tun. Und unser innerer Frieden inspiriert andere Menschen auf eine Weise, die durch Leid nicht möglich wäre.

Die Engel werden Ihnen jedoch nicht alles abnehmen. Sie sind eher wie Teamkameraden, die Sie bitten, den Ball weiterzugeben, während

Sie gemeinsam auf das Tor zuhalten. Wenn Sie die Engel um Hilfe bitten, kann es sein, dass sie durch ihr Eingreifen ein Wunder bewirken. Doch häufiger geschieht es, dass sie Ihnen helfen, indem sie göttliche Führung übermitteln, damit Sie sich selbst helfen können.

***

DIE CD ZU DIESEM BUCH

Auf der beliegenden CD finden Sie einen einfachen Kurs zu allem, was Sie wissen müssen, wenn Sie mit den Engeln Kontakt aufnehmen wollen. Diese CD wurde zu diesem Buch zusammengestellt und aufgenommen. Sie enthält meditative entspannende Wege zu Ihren persönlichen Engeln und kann Ihnen helfen, mit den Engeln Ihr Leben neu zu gestalten.

©+ (P) der deutschen Fassung 2007 Ullstein Buchverlage GmbH, Berlin – mit freundlicher Genehmigung von Hay House, Inc., Carlsbad, CA, USA.
© der Originalausgabe 2007 by Doreen Virtue
Deutsche Sprecherin: Marina Marosch, aufgenommen im DownHill Studio, München. Regie und deutsche Bearbeitung: afpmunich

DOREEN VIRTUE

ist Psychologin und Familientherapeutin. Sie stammt aus einer hellseherisch begabten Familie und nutzte schon als Kind ihren »sechsten Sinn« zur Kommunikation mit ihren »unsichtbaren Freunden«. In der von ihr entwickelten Engeltherapie verbindet sie ihre Kompetenz als Psychologin mit ihren spirituellen Fähigkeiten. Doreen Virtue lebt in Kalifornien und gibt weltweit regelmäßig Workshops in denen sie ihre Engeltherapie unterrichtet. Weitere Informationen erhalten Sie unter www.angeltherapy.com.

Von Doreen Virtue sind bei Allegria die folgenden Bücher, CDs und Kartendecks erschienen:

Medizin der Engel (Hardcover)
Erzengel und wie man sie ruft (Hardcover)
Botschaft der Engel (Hardcover
Chakra Clearing (Hardcover)

Engel-Hilfe für jeden Tag
Das Heilgeheimnis der Engel

Die Heilkraft der Engel
Die Zahlen der Engel
Die Heilkraft der Feen
Engel Gespräche
Neue Engel-Gespräche
Engel der Erde
Dein Leben im Licht
Zeit-Therapie
Kristall-Therapie

Medizin der Engel (CD)
Die Engel von Atlantis (CD)
Die Engel der Liebe (CD)
Heilkraft der Engel (CD)
Himmlische Helfer (CD)
Heilgeheimnis der Engel (CD)
Die Botschaft der Erengel (CD)

Das Engel-Orakel für jeden Tag (Kartendeck)
Das Erzengel-Orakel (Kartendeck)
Das Heil-Orakel der Engel (Kartendeck)
Das Orakel der himmlischen Helfer (Kartendeck)
Das Einhorn Orakel (Kartendeck)
Das Heil-Orakel der Feen (Kartendeck)

Doreen Virtues neue himmlische Botschaften

DOREEN VIRTUE
Botschaft der Engel
Gebunden mit Schutzumschlag
272 Seiten
€ [D] 19,95 / € [A] 20,60 / sFr 34,80
ISBN 978-3-7934-2107-8

DOREEN VIRTUE
Das Orakel
der himmlischen Helfer
Engel & Schutzheilige
44 Karten mit Anleitung
€ [D] 19,95 / € [A] 20,60 / sFr 34,80
ISBN 978-3-7934-2073-6

Allegria